SERVICE FOR THE HIGH HOLY DAYS
—ADAPTED FOR YOUTH—

מַחֲזוֹר לַנּוֹעַר לְיָמִים נוֹרָאִים

SERVICE
FOR THE HIGH HOLY DAYS

—ADAPTED FOR YOUTH—

מַחֲזוֹר לַנּוֹעַר לְיָמִים נוֹרָאִים

Prepared by Hyman Chanover

BEHRMAN HOUSE INC. • *Publishers* • NEW YORK

© Copyright 1972, by Hyman Chanover
Published by Behrman House, Inc. 1261 Broadway, New York, N.Y. 10001

Typography by Henri Friedlaender and Hananya Cohen, Jerusalem
Composed in Jerusalem, Israel. Printed and bound in U.S.A.

Standard Book Number: 87441-123-8

TO YEHUDAH, FATHER OF MY ḤANNAH

IN LOVING MEMORY

ACKNOWLEDGMENTS

The writer is deeply indebted to all who aided in the production of this volume. He is especially grateful to Andrew Amsel, Rabbi Eugene Borowitz, Ellen Rudin and Moshe Singer, each of whom contributed a vital dimension to its preparation; to Jacob Behrman, for his publishing know-how and his friendship; and to Ḥannah, for her encouragement and help.

PREFACE

To the Adult Leader

This volume is in the genre and broad stylistic character of the writer's Haggadah for the school and his Sabbath Prayerbook for junior congregations. It endeavors to meet the reading and intellectual levels of those who normally attend youth services on Rosh Hashanah and Yom Kippur. The text has a traditional quality without being fettered to the past and strikes a note of contemporaneity without being faddist. The writer hopes it will prove an effective base on which to build satisfying and inspirational worship experiences for our young people.

To the Young Reader

BEFORE YOU PRAY

When one prays to God, it should be, as the Rabbis put it, "like a man who talks into the ear of his friend." Each of us imagines God differently. But how we conceive of Him is not nearly as important as the kind of personal relationship we have to Him. One of the ways of establishing a satisfying personal relationship to the Almighty is through prayer—the kind of prayer that comes from the heart.

Worship is called in Jewish tradition "service of the heart." And with good reason, since the real object of our prayers is not so much the words we utter as the feeling that accompanies them.

Praying was never intended to be a time of entertainment, especially not on the High Holy Days. These are the Days of Awe, the most serious days of the year, the time for self-searching, and this prayerbook tries to help you capture the mood. If you give yourself fully to the service, put your heart in it, your prayers will take on power. You will feel yourself a part of something mighty and everlasting.

The Baal Shem Tov, founder of Hassidism, once said: "The first time a thing occurs in nature, it is called a miracle; later, it becomes natural, and no attention is paid to it. Let your worship be a fresh miracle every day to you. Only such worship, performed from the heart, with enthusiasm, is acceptable." May your prayers be acceptable.

H. C.

CONTENTS

SERVICES FOR ROSH HASHANAH   תְּפִלּוֹת רֹאשׁ הַשָּׁנָה

     Morning Service   14   שַׁחֲרִית

     Musaf Service   59   מוּסָף

SERVICES FOR YOM KIPPUR   תְּפִלּוֹת יוֹם כִּפּוּר

     Evening Service   83   עַרְבִית

     Morning Service   115   שַׁחֲרִית

     Musaf Service   143   מוּסָף

     Afternoon Service   163   מִנְחָה

     Closing Service   171   נְעִילָה

SERVICES FOR ROSH HASHANAH

Blessing for Putting on the Tallit

בָּרוּךְ אַתָּה יְיָ, אֱלֹהֵינוּ מֶלֶךְ הָעוֹלָם, אֲשֶׁר קִדְּשָׁנוּ בְּמִצְוֹתָיו וְצִוָּנוּ לְהִתְעַטֵּף בַּצִּיצִת.

We praise You, O Lord our God, Ruler of the universe, who has made us holy through His commandments and directed us to wrap ourselves in a Tallit.

Morning Blessings and Psalms

מַה־טֹּבוּ

מַה־טֹּבוּ אֹהָלֶיךָ יַעֲקֹב, מִשְׁכְּנוֹתֶיךָ, יִשְׂרָאֵל.
וַאֲנִי בְּרֹב חַסְדְּךָ אָבוֹא בֵיתֶךָ, אֶשְׁתַּחֲוֶה אֶל הֵיכַל קָדְשְׁךָ בְּיִרְאָתֶךָ.
יְיָ, אָהַבְתִּי מְעוֹן בֵּיתֶךָ, וּמְקוֹם מִשְׁכַּן כְּבוֹדֶךָ.
וַאֲנִי אֶשְׁתַּחֲוֶה וְאֶכְרָעָה, אֶבְרְכָה לִפְנֵי יְיָ עֹשִׂי.
וַאֲנִי תְפִלָּתִי לְךָ יְיָ עֵת רָצוֹן. אֱלֹהִים, בְּרָב־חַסְדֶּךָ, עֲנֵנִי בֶּאֱמֶת יִשְׁעֶךָ.

How goodly are your tents, O Jacob,
Your dwelling places, O Israel!
    Lord, through Your great kindness I enter Your House,
    And offer my prayers to You.
I love Your House, O God,
And the presence of Your glory.
    May You be pleased with my prayers
    And show me Your unfailing mercy.

MORNING SERVICE

Blessings of Thanksgiving

בָּרוּךְ אַתָּה יְיָ, אֱלֹהֵינוּ מֶלֶךְ הָעוֹלָם, אֲשֶׁר נָתַן לַשֶּׂכְוִי בִינָה לְהַבְחִין בֵּין יוֹם וּבֵין לָיְלָה.

בָּרוּךְ אַתָּה יְיָ, אֱלֹהֵינוּ מֶלֶךְ הָעוֹלָם, שֶׁלֹּא עָשַׂנִי גּוֹי.

בָּרוּךְ אַתָּה יְיָ, אֱלֹהֵינוּ מֶלֶךְ הָעוֹלָם, שֶׁלֹּא עָשַׂנִי עָבֶד.

בָּרוּךְ אַתָּה יְיָ, אֱלֹהֵינוּ מֶלֶךְ הָעוֹלָם, פּוֹקֵחַ עִוְרִים.

בָּרוּךְ אַתָּה יְיָ, אֱלֹהֵינוּ מֶלֶךְ הָעוֹלָם, מַלְבִּישׁ עֲרֻמִּים.

בָּרוּךְ אַתָּה יְיָ, אֱלֹהֵינוּ מֶלֶךְ הָעוֹלָם, מַתִּיר אֲסוּרִים.

בָּרוּךְ אַתָּה יְיָ, אֱלֹהֵינוּ מֶלֶךְ הָעוֹלָם, זוֹקֵף כְּפוּפִים.

בָּרוּךְ אַתָּה יְיָ, אֱלֹהֵינוּ מֶלֶךְ הָעוֹלָם, שֶׁעָשָׂה לִּי כָּל צָרְכִּי.

בָּרוּךְ אַתָּה יְיָ, אֱלֹהֵינוּ מֶלֶךְ הָעוֹלָם, אוֹזֵר יִשְׂרָאֵל בִּגְבוּרָה.

בָּרוּךְ אַתָּה יְיָ, אֱלֹהֵינוּ מֶלֶךְ הָעוֹלָם, עוֹטֵר יִשְׂרָאֵל בְּתִפְאָרָה.

בָּרוּךְ אַתָּה יְיָ, אֱלֹהֵינוּ מֶלֶךְ הָעוֹלָם, הַנּוֹתֵן לַיָּעֵף כֹּחַ.

AN INTERPRETIVE READING

We praise You, O Lord our God, Ruler of the universe, for bringing us this new day.

We praise You for the privilege of keeping Your commandments.

We praise You for the freedom we enjoy.

We praise You for Your daily wonders.

We praise You for clothing and sheltering us.

We praise You for giving men hope when they are low in spirit.

We praise You for providing for all our needs.

We praise You for granting our people the faith and strength to survive cruel times.

We praise You, O Lord our God, Ruler of the universe, for the will to go forward when we are weary.

פְּסוּקֵי דְזִמְרָה

Selected passages from the Book of Psalms praising God for His many kindnesses to His people and to all mankind.

Introductory Hymn

בָּרוּךְ שֶׁאָמַר וְהָיָה הָעוֹלָם, בָּרוּךְ הוּא.

בָּרוּךְ עוֹשֶׂה בְרֵאשִׁית.

בָּרוּךְ אוֹמֵר וְעוֹשֶׂה.

בָּרוּךְ גּוֹזֵר וּמְקַיֵּם.

בָּרוּךְ מְרַחֵם עַל הָאָרֶץ.

בָּרוּךְ מְרַחֵם עַל הַבְּרִיּוֹת.

בָּרוּךְ מְשַׁלֵּם שָׂכָר טוֹב לִירֵאָיו.

בָּרוּךְ חַי לָעַד וְקַיָּם לָנֶצַח.

בָּרוּךְ פּוֹדֶה וּמַצִּיל, בָּרוּךְ שְׁמוֹ.

בָּרוּךְ אַתָּה יְיָ, אֱלֹהֵינוּ מֶלֶךְ הָעוֹלָם, הָאֵל הָאָב הָרַחֲמָן, הַמְהֻלָּל בְּפִי עַמּוֹ, מְשֻׁבָּח וּמְפֹאָר בִּלְשׁוֹן חֲסִידָיו וַעֲבָדָיו. וּבְשִׁירֵי דָוִד עַבְדֶּךָ נְהַלֶּלְךָ, יְיָ אֱלֹהֵינוּ. בִּשְׁבָחוֹת וּבִזְמִירוֹת נְגַדֶּלְךָ, וּנְשַׁבֵּחֲךָ וּנְפָאֶרְךָ וְנַזְכִּיר שִׁמְךָ וְנַמְלִיכְךָ, מַלְכֵּנוּ אֱלֹהֵינוּ. יָחִיד, חֵי הָעוֹלָמִים, מֶלֶךְ מְשֻׁבָּח וּמְפֹאָר עֲדֵי עַד שְׁמוֹ הַגָּדוֹל. בָּרוּךְ אַתָּה יְיָ, מֶלֶךְ מְהֻלָּל בַּתִּשְׁבָּחוֹת.

A READING IN THE SPIRIT OF THE INTRODUCTORY HYMN

Praised be God for all His wondrous deeds:
For the beautiful world He created,
For His fairness and kindness,
For the mercies He showers upon us,
And for the help He is to those who call upon Him sincerely.
Praised be His name forever.

PSALM 135:19–21

בֵּית יִשְׂרָאֵל, בָּרְכוּ אֶת יְיָ. בֵּית אַהֲרֹן, בָּרְכוּ אֶת יְיָ. בֵּית הַלֵּוִי, בָּרְכוּ אֶת יְיָ. יִרְאֵי יְיָ, בָּרְכוּ אֶת יְיָ. בָּרוּךְ יְיָ מִצִּיּוֹן, שׁוֹכֵן יְרוּשָׁלָיִם, הַלְלוּיָהּ.

PASSAGES FROM PSALM 136

A tribute to the Almighty for creating the universe in wisdom and goodness.

הוֹדוּ לַייָ כִּי טוֹב / כִּי לְעוֹלָם חַסְדּוֹ.
הוֹדוּ לֵאלֹהֵי הָאֱלֹהִים / כִּי לְעוֹלָם חַסְדּוֹ.
הוֹדוּ לַאֲדֹנֵי הָאֲדֹנִים / כִּי לְעוֹלָם חַסְדּוֹ.
לְעֹשֵׂה נִפְלָאוֹת גְּדֹלוֹת לְבַדּוֹ / כִּי לְעוֹלָם חַסְדּוֹ.
לְעֹשֵׂה הַשָּׁמַיִם בִּתְבוּנָה / כִּי לְעוֹלָם חַסְדּוֹ.
לְרוֹקַע הָאָרֶץ עַל הַמָּיִם / כִּי לְעוֹלָם חַסְדּוֹ.
לְעֹשֵׂה אוֹרִים גְּדֹלִים / כִּי לְעוֹלָם חַסְדּוֹ.
נֹתֵן לֶחֶם לְכָל בָּשָׂר / כִּי לְעוֹלָם חַסְדּוֹ.
הוֹדוּ לְאֵל הַשָּׁמָיִם / כִּי לְעוֹלָם חַסְדּוֹ.

ROSH HASHANAH

OPENING SECTION OF PSALM 92

מִזְמוֹר שִׁיר לְיוֹם הַשַּׁבָּת.
טוֹב לְהֹדוֹת לַייָ, וּלְזַמֵּר לְשִׁמְךָ עֶלְיוֹן.
לְהַגִּיד בַּבֹּקֶר חַסְדֶּךָ, וֶאֱמוּנָתְךָ בַּלֵּילוֹת.
עֲלֵי עָשׂוֹר וַעֲלֵי נָבֶל, עֲלֵי הִגָּיוֹן בְּכִנּוֹר.
כִּי שִׂמַּחְתַּנִי יְיָ בְּפָעֳלֶךָ, בְּמַעֲשֵׂי יָדֶיךָ אֲרַנֵּן.
מַה גָּדְלוּ מַעֲשֶׂיךָ, יְיָ, מְאֹד עָמְקוּ מַחְשְׁבֹתֶיךָ.

A psalm, a song for the Sabbath day.
It is good to give thanks to the Lord
And to praise His holy name,
To tell of His kindness in the morning
And proclaim His trust in us each night.
Our hearts are gladdened by God's wonders,
His deeds make us break into song.
How magnificent are the works of God!
How deep and mysterious are His ways!
It is good to give thanks to the Lord
And to praise His holy name.

PSALM 150

הַלְלוּיָהּ, הַלְלוּ אֵל בְּקָדְשׁוֹ, הַלְלוּהוּ בִּרְקִיעַ עֻזּוֹ. הַלְלוּהוּ בִגְבוּרֹתָיו, הַלְלוּהוּ כְּרֹב גֻּדְלוֹ. הַלְלוּהוּ בְּתֵקַע שׁוֹפָר, הַלְלוּהוּ בְּנֵבֶל וְכִנּוֹר. הַלְלוּהוּ בְּתֹף וּמָחוֹל, הַלְלוּהוּ בְּמִנִּים וְעֻגָב. הַלְלוּהוּ בְצִלְצְלֵי שָׁמַע, הַלְלוּהוּ בְּצִלְצְלֵי תְרוּעָה. כֹּל הַנְּשָׁמָה תְּהַלֵּל יָהּ, הַלְלוּיָהּ. כֹּל הַנְּשָׁמָה תְּהַלֵּל יָהּ, הַלְלוּיָהּ.

Halleluyah!
Praise God for His holiness, His greatness, and His might.
Praise Him with the sound of music—
With the sound of the Shofar and the harp,
With the sound of the drum and the dance,
With softly sounding cymbals
And with loudly clanging cymbals.
Let every living creature praise the Lord.
Halleluyah!

נִשְׁמַת

A hymn of praise to God—Creator of the world, Giver of the Torah, and Protector of Israel.

נִשְׁמַת כָּל חַי תְּבָרֵךְ אֶת שִׁמְךָ, יְיָ אֱלֹהֵינוּ,
וְרוּחַ כָּל בָּשָׂר תְּפָאֵר וּתְרוֹמֵם זִכְרְךָ, מַלְכֵּנוּ, תָּמִיד.
מִן הָעוֹלָם וְעַד הָעוֹלָם אַתָּה אֵל.
וּמִבַּלְעָדֶיךָ אֵין לָנוּ מֶלֶךְ גּוֹאֵל וּמוֹשִׁיעַ,
פּוֹדֶה וּמַצִּיל וּמְפַרְנֵס וּמְרַחֵם בְּכָל עֵת צָרָה וְצוּקָה,
אֵין לָנוּ מֶלֶךְ אֶלָּא אָתָּה.
אֱלֹהֵי הָרִאשׁוֹנִים וְהָאַחֲרוֹנִים,
אֱלוֹהַּ כָּל בְּרִיּוֹת, אֲדוֹן כָּל תּוֹלָדוֹת,
הַמְהֻלָּל בְּרֹב הַתִּשְׁבָּחוֹת,
הַמְנַהֵג עוֹלָמוֹ בְּחֶסֶד וּבְרִיּוֹתָיו בְּרַחֲמִים.

ROSH HASHANAH

וַייָ לֹא יָנוּם וְלֹא יִישָׁן.
הַמְעוֹרֵר יְשֵׁנִים, וְהַמֵּקִיץ נִרְדָּמִים,
וְהַמֵּשִׂיחַ אִלְּמִים, וְהַמַּתִּיר אֲסוּרִים,
וְהַסּוֹמֵךְ נוֹפְלִים, וְהַזּוֹקֵף כְּפוּפִים.
לְךָ לְבַדְּךָ אֲנַחְנוּ מוֹדִים.

IN THE SPIRIT OF "NISHMAT"

All living creatures praise Your name,
And men throughout the world proclaim
Your might and greatness, God.

Protecting shield by day and night,
Men waken with the dawning light
To hail Your greatness, God.

Your mercy reaches out to all—
The bad, the good, the great, the small—
To show Your greatness, God.

Your love, refreshing as the rain,
Brings hope to sufferers in pain
Who praise Your greatness, God.

O ever faithful Lord and King,
Our people till time's end will sing
Your might and greatness, God.

שַׁחֲרִית לְרֹאשׁ הַשָּׁנָה

Morning Service for Rosh Hashanah

God is ruler of all. This day, above all days of the year, we acknowledge Him as King.

הַמֶּֽלֶךְ

יוֹשֵׁב עַל כִּסֵּא רָם וְנִשָּׂא.

שׁוֹכֵן עַד, מָרוֹם וְקָדוֹשׁ שְׁמוֹ, וְכָתוּב: רַנְּנוּ צַדִּיקִים בַּײָ,
לַיְשָׁרִים נָאוָה תְהִלָּה.

בְּפִי יְשָׁרִים תִּתְרוֹמָם, וּבְדִבְרֵי צַדִּיקִים תִּתְבָּרַךְ,
וּבִלְשׁוֹן חֲסִידִים תִּתְקַדָּשׁ, וּבְקֶֽרֶב קְדוֹשִׁים תִּתְהַלָּל.

In song and prayer, God's people extol Him.

וּבְמַקְהֲלוֹת רִבְבוֹת עַמְּךָ בֵּית יִשְׂרָאֵל בְּרִנָּה יִתְפָּאַר שִׁמְךָ, מַלְכֵּֽנוּ, בְּכָל דּוֹר וָדוֹר. שֶׁכֵּן חוֹבַת כָּל הַיְצוּרִים לְפָנֶֽיךָ, ײָ אֱלֹהֵֽינוּ וֵאלֹהֵי אֲבוֹתֵֽינוּ, לְהוֹדוֹת, לְהַלֵּל, לְשַׁבֵּֽחַ, לְפָאֵר, לְרוֹמֵם, לְהַדֵּר, לְבָרֵךְ, לְעַלֵּה וּלְקַלֵּס עַל כָּל דִּבְרֵי שִׁירוֹת וְתִשְׁבְּחוֹת דָּוִד בֶּן־יִשַׁי עַבְדְּךָ מְשִׁיחֶֽךָ.

God is the life of the world. His name be praised!

יִשְׁתַּבַּח שִׁמְךָ לָעַד מַלְכֵּנוּ, הָאֵל הַמֶּלֶךְ הַגָּדוֹל וְהַקָּדוֹשׁ בַּשָּׁמַיִם וּבָאָרֶץ. כִּי לְךָ נָאֶה יְיָ אֱלֹהֵינוּ וֵאלֹהֵי אֲבוֹתֵינוּ, שִׁיר וּשְׁבָחָה, הַלֵּל וְזִמְרָה, עֹז וּמֶמְשָׁלָה, נֶצַח, גְּדֻלָּה וּגְבוּרָה, תְּהִלָּה וְתִפְאֶרֶת, קְדֻשָּׁה וּמַלְכוּת, בְּרָכוֹת וְהוֹדָאוֹת, מֵעַתָּה וְעַד עוֹלָם. בָּרוּךְ אַתָּה יְיָ, אֵל מֶלֶךְ גָּדוֹל בַּתִּשְׁבָּחוֹת, אֵל הַהוֹדָאוֹת, אֲדוֹן הַנִּפְלָאוֹת, הַבּוֹחֵר בְּשִׁירֵי זִמְרָה, מֶלֶךְ, אֵל חֵי הָעוֹלָמִים.

Reader's Kaddish חֲצִי קַדִּישׁ

READER:

יִתְגַּדַּל וְיִתְקַדַּשׁ שְׁמֵהּ רַבָּא. בְּעָלְמָא דִּי בְרָא כִרְעוּתֵהּ וְיַמְלִיךְ מַלְכוּתֵהּ, בְּחַיֵּיכוֹן וּבְיוֹמֵיכוֹן וּבְחַיֵּי דְכָל בֵּית יִשְׂרָאֵל, בַּעֲגָלָא וּבִזְמַן קָרִיב, וְאִמְרוּ אָמֵן.

CONGREGATION AND READER RESPOND:

יְהֵא שְׁמֵהּ רַבָּא מְבָרַךְ לְעָלַם וּלְעָלְמֵי עָלְמַיָּא.

READER:

יִתְבָּרַךְ וְיִשְׁתַּבַּח, וְיִתְפָּאַר וְיִתְרוֹמַם, וְיִתְנַשֵּׂא וְיִתְהַדַּר, וְיִתְעַלֶּה וְיִתְהַלַּל שְׁמֵהּ דְּקֻדְשָׁא—

CONGREGATION AND READER RESPOND:

בְּרִיךְ הוּא.

לְעֵלָּא וּלְעֵלָּא מִן כָּל בִּרְכָתָא וְשִׁירָתָא, תֻּשְׁבְּחָתָא וְנֶחֱמָתָא, דַּאֲמִירָן בְּעָלְמָא, וְאִמְרוּ אָמֵן.

בָּרְכוּ

The Call to Worship

CONGREGATION RISES

READER:

בָּרְכוּ אֶת יְיָ הַמְבֹרָךְ.

CONGREGATION AND THEN READER:

בָּרוּךְ יְיָ הַמְבֹרָךְ לְעוֹלָם וָעֶד.

CONGREGATION IS SEATED

בָּרוּךְ אַתָּה יְיָ, אֱלֹהֵינוּ מֶלֶךְ הָעוֹלָם, יוֹצֵר אוֹר וּבוֹרֵא חֹשֶׁךְ, עֹשֶׂה שָׁלוֹם וּבוֹרֵא אֶת הַכֹּל.

אֵל אָדוֹן

All the heavenly bodies proclaim the greatness of God.

RECITED ONLY ON SABBATH

אֵל אָדוֹן עַל כָּל הַמַּעֲשִׂים / בָּרוּךְ וּמְבֹרָךְ בְּפִי כָּל נְשָׁמָה,
גָּדְלוֹ וְטוּבוֹ מָלֵא עוֹלָם / דַּעַת וּתְבוּנָה סוֹבְבִים אוֹתוֹ.
הַמִּתְגָּאֶה עַל חַיּוֹת הַקֹּדֶשׁ / וְנֶהְדָּר בְּכָבוֹד עַל הַמֶּרְכָּבָה,
זְכוּת וּמִישׁוֹר לִפְנֵי כִסְאוֹ / חֶסֶד וְרַחֲמִים לִפְנֵי כְבוֹדוֹ.
טוֹבִים מְאוֹרוֹת שֶׁבָּרָא אֱלֹהֵינוּ / יְצָרָם בְּדַעַת בְּבִינָה וּבְהַשְׂכֵּל,
כֹּחַ וּגְבוּרָה נָתַן בָּהֶם / לִהְיוֹת מוֹשְׁלִים בְּקֶרֶב תֵּבֵל.
מְלֵאִים זִיו וּמְפִיקִים נֹגַהּ / נָאֶה זִיוָם בְּכָל הָעוֹלָם,
שְׂמֵחִים בְּצֵאתָם וְשָׂשִׂים בְּבוֹאָם / עוֹשִׂים בְּאֵימָה רְצוֹן קוֹנָם.

ROSH HASHANAH

24

פְּאֵר וְכָבוֹד נוֹתְנִים לִשְׁמוֹ / צָהֳלָה וְרִנָּה לְזֵכֶר מַלְכוּתוֹ, קָרָא לַשֶּׁמֶשׁ וַיִּזְרַח אוֹר / רָאָה וְהִתְקִין צוּרַת הַלְּבָנָה.

שֶׁבַח נוֹתְנִים לוֹ כָּל צְבָא מָרוֹם, תִּפְאֶרֶת וּגְדֻלָּה, שְׂרָפִים וְאוֹפַנִּים וְחַיּוֹת הַקֹּדֶשׁ.

Holy, holy, holy, is the Lord of all.

קָדוֹשׁ, קָדוֹשׁ, קָדוֹשׁ, יְיָ צְבָאוֹת, מְלֹא כָל הָאָרֶץ כְּבוֹדוֹ. וְהָאוֹפַנִּים וְחַיּוֹת הַקֹּדֶשׁ, בְּרַעַשׁ גָּדוֹל מִתְנַשְּׂאִים לְעֻמַּת שְׂרָפִים, לְעֻמָּתָם מְשַׁבְּחִים וְאוֹמְרִים:

בָּרוּךְ כְּבוֹד יְיָ מִמְּקוֹמוֹ.

AN INTERPRETIVE READING

God is holy.
    He is the Holy One, praised be He,
    And His holiness inspires us to live righteously.
The Synagogue is holy,
    Because it is the House of God
    And gives those who enter a feeling of His presence.
The Torah is holy,
    Because it contains God's teachings
    And has been given to man to help him come close to God.
Life is holy,
    Because it comes from God
    And reminds man daily of creation.
Everyone has it within his power to be holy,
       By studying God's commandments
       And practicing them.

לְאֵל בָּרוּךְ נְעִימוֹת יִתֵּנוּ. לַמֶּלֶךְ אֵל חַי וְקַיָּם, זְמִירוֹת יֹאמֵרוּ וְתִשְׁבָּחוֹת יַשְׁמִיעוּ. כִּי הוּא לְבַדּוֹ פּוֹעֵל גְּבוּרוֹת, עוֹשֶׂה חֲדָשׁוֹת, בַּעַל מִלְחָמוֹת, זוֹרֵעַ צְדָקוֹת, מַצְמִיחַ יְשׁוּעוֹת, בּוֹרֵא רְפוּאוֹת, נוֹרָא תְהִלּוֹת, אֲדוֹן הַנִּפְלָאוֹת, הַמְחַדֵּשׁ בְּטוּבוֹ בְּכָל יוֹם תָּמִיד מַעֲשֵׂה בְרֵאשִׁית, כָּאָמוּר: לְעֹשֵׂה אוֹרִים גְּדֹלִים, כִּי לְעוֹלָם חַסְדּוֹ. אוֹר חָדָשׁ עַל צִיּוֹן תָּאִיר, וְנִזְכֶּה כֻלָּנוּ מְהֵרָה לְאוֹרוֹ. בָּרוּךְ אַתָּה יְיָ, יוֹצֵר הַמְּאוֹרוֹת.

AN INTERPRETIVE READING

*Let us chant sweet melodies to the living God, for He performs
  mighty deeds and forever continues the work of creation.
He sows the seeds of righteousness in our hearts.
He plants the hope for freedom in man's souls.
He gives us the knowledge to prevent and heal disease.
He is the Lord of wonders.
May a new light yet shine upon Zion, and may we all
  be privileged to behold its glory.
Praised be the Lord, Creator of the powers that bring us light!*

Through the ages, God has loved us. He has given us His commandments as a sign of His love.

אַהֲבָה רַבָּה אֲהַבְתָּנוּ, יְיָ אֱלֹהֵינוּ, חֶמְלָה גְדוֹלָה וִיתֵרָה חָמַלְתָּ עָלֵינוּ. אָבִינוּ מַלְכֵּנוּ, בַּעֲבוּר אֲבוֹתֵינוּ שֶׁבָּטְחוּ בְךָ וַתְּלַמְּדֵם חֻקֵּי חַיִּים, כֵּן תְּחָנֵּנוּ וּתְלַמְּדֵנוּ. אָבִינוּ, הָאָב הָרַחֲמָן, הַמְרַחֵם, רַחֵם עָלֵינוּ וְתֵן בְּלִבֵּנוּ לְהָבִין וּלְהַשְׂכִּיל, לִשְׁמֹעַ לִלְמֹד וּלְלַמֵּד, לִשְׁמֹר וְלַעֲשׂוֹת וּלְקַיֵּם אֶת כָּל דִּבְרֵי תַלְמוּד תּוֹרָתֶךָ בְּאַהֲבָה.

ROSH HASHANAH

שְׁמַע יִשְׂרָאֵל

Our Declaration of Faith

DEUTERONOMY 6:4–9

שְׁמַע יִשְׂרָאֵל, יְהוָֹה אֱלֹהֵינוּ, יְהוָֹה אֶחָד.

Hear, O Israel, the Lord our God, the Lord is One.

בָּרוּךְ שֵׁם כְּבוֹד מַלְכוּתוֹ לְעוֹלָם וָעֶד.

Praised be His glorious name forever.

וְאָהַבְתָּ אֵת יְהוָֹה אֱלֹהֶיךָ בְּכָל לְבָבְךָ וּבְכָל נַפְשְׁךָ וּבְכָל מְאֹדֶךָ. וְהָיוּ הַדְּבָרִים הָאֵלֶּה, אֲשֶׁר אָנֹכִי מְצַוְּךָ הַיּוֹם, עַל לְבָבֶךָ. וְשִׁנַּנְתָּם לְבָנֶיךָ וְדִבַּרְתָּ בָּם, בְּשִׁבְתְּךָ בְּבֵיתֶךָ, וּבְלֶכְתְּךָ בַדֶּרֶךְ, וּבְשָׁכְבְּךָ וּבְקוּמֶךָ. וּקְשַׁרְתָּם לְאוֹת עַל יָדֶךָ, וְהָיוּ לְטֹטָפֹת בֵּין עֵינֶיךָ. וּכְתַבְתָּם עַל מְזֻזוֹת בֵּיתֶךָ וּבִשְׁעָרֶיךָ.

You shall love the Lord, your God, with all your heart, with all your soul, and with all your might. And these words which I command you this day shall ever be in your heart. Teach them diligently to your children. Speak of them when you are at home and when you are away, when you lie down to sleep and when you rise. Wear them as a sign upon your hand and place them as a reminder between your eyes. Write them upon the doorposts of your house and upon your gates.

DEUTERONOMY 11:13–21

וְהָיָה אִם שָׁמֹעַ תִּשְׁמְעוּ אֶל מִצְוֹתַי אֲשֶׁר אָנֹכִי מְצַוֶּה אֶתְכֶם הַיּוֹם, לְאַהֲבָה אֶת יְהוָֹה אֱלֹהֵיכֶם וּלְעָבְדוֹ בְּכָל לְבַבְכֶם וּבְכָל נַפְשְׁכֶם, וְנָתַתִּי מְטַר אַרְצְכֶם בְּעִתּוֹ יוֹרֶה וּמַלְקוֹשׁ,

וְאָסַפְתָּ דְגָנֶךָ וְתִירֹשְׁךָ וְיִצְהָרֶךָ. וְנָתַתִּי עֵשֶׂב בְּשָׂדְךָ לִבְהֶמְתֶּךָ
וְאָכַלְתָּ וְשָׂבָעְתָּ. הִשָּׁמְרוּ לָכֶם פֶּן יִפְתֶּה לְבַבְכֶם וְסַרְתֶּם
וַעֲבַדְתֶּם אֱלֹהִים אֲחֵרִים וְהִשְׁתַּחֲוִיתֶם לָהֶם. וְחָרָה אַף יְהֹוָה
בָּכֶם, וְעָצַר אֶת הַשָּׁמַיִם וְלֹא יִהְיֶה מָטָר, וְהָאֲדָמָה לֹא תִתֵּן
אֶת יְבוּלָהּ. וַאֲבַדְתֶּם מְהֵרָה מֵעַל הָאָרֶץ הַטֹּבָה אֲשֶׁר יְהֹוָה
נֹתֵן לָכֶם. וְשַׂמְתֶּם אֶת דְּבָרַי אֵלֶּה עַל לְבַבְכֶם וְעַל נַפְשְׁכֶם,
וּקְשַׁרְתֶּם אֹתָם לְאוֹת עַל יֶדְכֶם וְהָיוּ לְטוֹטָפֹת בֵּין עֵינֵיכֶם.
וְלִמַּדְתֶּם אֹתָם אֶת בְּנֵיכֶם לְדַבֵּר בָּם, בְּשִׁבְתְּךָ בְּבֵיתֶךָ
וּבְלֶכְתְּךָ בַדֶּרֶךְ וּבְשָׁכְבְּךָ וּבְקוּמֶךָ. וּכְתַבְתָּם עַל מְזוּזוֹת
בֵּיתֶךָ וּבִשְׁעָרֶיךָ.
לְמַעַן יִרְבּוּ יְמֵיכֶם וִימֵי בְנֵיכֶם, עַל הָאֲדָמָה אֲשֶׁר נִשְׁבַּע
יְהֹוָה לַאֲבֹתֵיכֶם לָתֵת לָהֶם, כִּימֵי הַשָּׁמַיִם עַל הָאָרֶץ.

NUMBERS 15:37–41

וַיֹּאמֶר יְהֹוָה אֶל מֹשֶׁה לֵּאמֹר: דַּבֵּר אֶל בְּנֵי יִשְׂרָאֵל וְאָמַרְתָּ
אֲלֵהֶם, וְעָשׂוּ לָהֶם צִיצִת עַל כַּנְפֵי בִגְדֵיהֶם לְדֹרֹתָם, וְנָתְנוּ
עַל צִיצִת הַכָּנָף פְּתִיל תְּכֵלֶת. וְהָיָה לָכֶם לְצִיצִת, וּרְאִיתֶם
אֹתוֹ וּזְכַרְתֶּם אֶת כָּל מִצְוֹת יְהֹוָה, וַעֲשִׂיתֶם אֹתָם, וְלֹא תָתוּרוּ
אַחֲרֵי לְבַבְכֶם וְאַחֲרֵי עֵינֵיכֶם, אֲשֶׁר אַתֶּם זֹנִים אַחֲרֵיהֶם.
לְמַעַן תִּזְכְּרוּ וַעֲשִׂיתֶם אֶת כָּל מִצְוֹתָי, וִהְיִיתֶם קְדֹשִׁים
לֵאלֹהֵיכֶם. אֲנִי יְהֹוָה אֱלֹהֵיכֶם, אֲשֶׁר הוֹצֵאתִי אֶתְכֶם מֵאֶרֶץ
מִצְרַיִם לִהְיוֹת לָכֶם לֵאלֹהִים, אֲנִי יְהֹוָה אֱלֹהֵיכֶם –
אֱמֶת.

And the Lord spoke to Moses, saying: Speak to the children of Israel and tell them that they, and all the generations after them, shall make fringes on the corners of their garments. Let them add to the fringe of each corner a thread of blue, for the fringes are to be a sign. When you look upon them, you will remember the Lord's commandments and will keep them, and you will not allow the temptations of your heart and eyes to mislead you.

Thus, will you be reminded to carry out My commandments and to be holy to your God. I am the Lord your God who brought you out of the land of Egypt to be your God. I am the Lord your God.

עֶזְרַת

עֶזְרַת אֲבוֹתֵינוּ אַתָּה הוּא מֵעוֹלָם,
מָגֵן וּמוֹשִׁיעַ לִבְנֵיהֶם אַחֲרֵיהֶם בְּכָל דּוֹר וָדוֹר.
בְּרוּם עוֹלָם מוֹשָׁבֶךָ,
וּמִשְׁפָּטֶיךָ וְצִדְקָתְךָ עַד אַפְסֵי אָרֶץ.
אַשְׁרֵי אִישׁ שֶׁיִּשְׁמַע לְמִצְוֹתֶיךָ,
וְתוֹרָתְךָ וּדְבָרְךָ יָשִׂים עַל לִבּוֹ.
אֱמֶת, אַתָּה הוּא אָדוֹן לְעַמֶּךָ,
וּמֶלֶךְ גִּבּוֹר לָרִיב רִיבָם.
אֱמֶת, אַתָּה הוּא רִאשׁוֹן וְאַתָּה הוּא אַחֲרוֹן,
וּמִבַּלְעָדֶיךָ אֵין לָנוּ מֶלֶךְ גּוֹאֵל וּמוֹשִׁיעַ.

MORNING SERVICE

A READING SUGGESTED BY "EZRAT"

You were the help of our forefathers at the dawn of our history,
And You have been a shield to their children.
Your kingdom reaches to the heavens and beyond,
And Your laws extend to the very ends of the earth.
Happy is the man who follows Your commandments
And takes the words of the Torah to his heart.
You are truly the God of our people,
And there is no God but You.
You were God even before the world came into being,
And You will be God for all time.
You are the great Judge,
And the wisest of all teachers.
O mightiest of liberators,
You, O God, are the Almighty.

THE CONGREGATION RISES

מִי־כָמֹֽכָה בָּאֵלִם יְיָ, מִי כָּמֹֽכָה נֶאְדָּר בַּקֹּֽדֶשׁ, נוֹרָא תְהִלֹּת עֹֽשֵׂה פֶֽלֶא.

שִׁירָה חֲדָשָׁה שִׁבְּחוּ גְאוּלִים לְשִׁמְךָ עַל שְׂפַת הַיָּם, יַֽחַד כֻּלָּם הוֹדוּ וְהִמְלִֽיכוּ וְאָמְרוּ:

יְיָ יִמְלֹךְ לְעֹלָם וָעֶד.

צוּר יִשְׂרָאֵל, קֽוּמָה בְּעֶזְרַת יִשְׂרָאֵל, וּפְדֵה כִנְאֻמֶֽךָ יְהוּדָה וְיִשְׂרָאֵל. גֹּאֲלֵֽנוּ יְיָ צְבָאוֹת שְׁמוֹ, קְדוֹשׁ יִשְׂרָאֵל. בָּרוּךְ אַתָּה יְיָ, גָּאַל יִשְׂרָאֵל.

עֲמִידָה

The Amidah

We praise God, the God of our fathers. He has been our shield since the days of Abraham. In His mercy, He grants us life and strength.

בָּרוּךְ אַתָּה יְיָ, אֱלֹהֵינוּ וֵאלֹהֵי אֲבוֹתֵינוּ, אֱלֹהֵי אַבְרָהָם אֱלֹהֵי יִצְחָק וֵאלֹהֵי יַעֲקֹב. הָאֵל הַגָּדוֹל הַגִּבּוֹר וְהַנּוֹרָא, אֵל עֶלְיוֹן, גּוֹמֵל חֲסָדִים טוֹבִים, וְקוֹנֵה הַכֹּל, וְזוֹכֵר חַסְדֵי אָבוֹת, וּמֵבִיא גוֹאֵל לִבְנֵי בְנֵיהֶם לְמַעַן שְׁמוֹ בְּאַהֲבָה.

זָכְרֵנוּ לְחַיִּים, מֶלֶךְ חָפֵץ בַּחַיִּים, וְכָתְבֵנוּ בְּסֵפֶר הַחַיִּים, לְמַעַנְךָ אֱלֹהִים חַיִּים.

מֶלֶךְ עוֹזֵר וּמוֹשִׁיעַ וּמָגֵן. בָּרוּךְ אַתָּה יְיָ, מָגֵן אַבְרָהָם.

אַתָּה גִּבּוֹר לְעוֹלָם, יְיָ. מְחַיֵּה מֵתִים אַתָּה, רַב לְהוֹשִׁיעַ.

מְכַלְכֵּל חַיִּים בְּחֶסֶד, מְחַיֵּה מֵתִים בְּרַחֲמִים רַבִּים. סוֹמֵךְ נוֹפְלִים, וְרוֹפֵא חוֹלִים, וּמַתִּיר אֲסוּרִים. וּמְקַיֵּם אֱמוּנָתוֹ לִישֵׁנֵי עָפָר. מִי כָמוֹךָ בַּעַל גְּבוּרוֹת, וּמִי דּוֹמֶה לָּךְ. מֶלֶךְ מֵמִית וּמְחַיֶּה, וּמַצְמִיחַ יְשׁוּעָה.

מִי כָמוֹךָ אַב הָרַחֲמִים, זוֹכֵר יְצוּרָיו לְחַיִּים בְּרַחֲמִים.

וְנֶאֱמָן אַתָּה לְהַחֲיוֹת מֵתִים. בָּרוּךְ אַתָּה יְיָ, מְחַיֵּה הַמֵּתִים.

יִמְלֹךְ יְיָ לְעוֹלָם, אֱלֹהַיִךְ צִיּוֹן לְדֹר וָדֹר, הַלְלוּיָהּ.
וְאַתָּה קָדוֹשׁ, יוֹשֵׁב תְּהִלּוֹת יִשְׂרָאֵל, אֵל נָא.

31 MORNING SERVICE

אַתָּה הוּא אֱלֹהֵינוּ

A Hymn Celebrating God's Power and Majesty

אַתָּה הוּא אֱלֹהֵינוּ

בַּשָּׁמַיִם וּבָאָרֶץ / גִּבּוֹר וְנַעֲרָץ.
דָּגוּל מֵרְבָבָה / הוּא שָׂח וַיֶּהִי.
וְצִוָּה וְנִבְרָאוּ / זִכְרוֹ לָנֶצַח.
חַי עוֹלָמִים / טְהוֹר עֵינַיִם.
יוֹשֵׁב סֵתֶר / כִּתְרוֹ יְשׁוּעָה.
לְבוּשׁוֹ צְדָקָה / מַעֲטֵהוּ קִנְאָה.
נֶאְפָּד נְקָמָה / סִתְרוֹ יֹשֶׁר.
עֲצָתוֹ אֱמוּנָה / פְּעֻלָּתוֹ אֱמֶת.
צַדִּיק וְיָשָׁר / קָרוֹב לְקוֹרְאָיו בֶּאֱמֶת.
רָם וּמִתְנַשֵּׂא / שׁוֹכֵן שְׁחָקִים.

תֹּלֶה אֶרֶץ עַל בְּלִימָה. חַי וְקַיָּם, נוֹרָא וּמָרוֹם וְקָדוֹשׁ.

AN INTERPRETIVE MEDITATION

You are our God,
And there is none like You.
Your glory reaches to the farthest ends of the world,
Yet You are near to all who call upon You.
Countless numbers inhabit this earth,
Yet each is important to You.
You desire peace and harmony among men,
Yet You want us to make war on wickedness.

You command us to obey Your teachings,
  Yet You are ready to forgive us when we transgress them.
You have the power to do good for man,
  Yet You encourage him to help himself.
You are God,
  Holy, kind and almighty.

לְאֵל עוֹרֵךְ דִּין

The Ways in Which God Judges Us
on This Day of Judgment

לְאֵל עוֹרֵךְ דִּין

לְבוֹחֵן לְבָבוֹת בְּיוֹם דִּין / לְגוֹלֶה עֲמֻקוֹת בַּדִּין.
לְדוֹבֵר מֵישָׁרִים בְּיוֹם דִּין / לְהוֹגֶה דֵעוֹת בַּדִּין.
לְוָתִיק וְעוֹשֶׂה חֶסֶד בְּיוֹם דִּין / לְזוֹכֵר בְּרִיתוֹ בַּדִּין.
לְחוֹמֵל מַעֲשָׂיו בְּיוֹם דִּין / לְטַהֵר חוֹסָיו בַּדִּין.
לְיוֹדֵעַ מַחֲשָׁבוֹת בְּיוֹם דִּין / לְכוֹבֵשׁ כַּעֲסוֹ בַּדִּין.
לְלוֹבֵשׁ צְדָקוֹת בְּיוֹם דִּין / לְמוֹחֵל עֲוֹנוֹת בַּדִּין.
לְנוֹרָא תְהִלּוֹת בְּיוֹם דִּין / לְסוֹלֵחַ לַעֲמוּסָיו בַּדִּין.
לְעוֹנֶה לְקוֹרְאָיו בְּיוֹם דִּין / לְפוֹעֵל רַחֲמָיו בַּדִּין.
לְצוֹפֶה נִסְתָּרוֹת בְּיוֹם דִּין / לְקוֹנֶה עֲבָדָיו בַּדִּין.
לְרַחֵם עַמּוֹ בְּיוֹם דִּין / לְשׁוֹמֵר אוֹהֲבָיו בַּדִּין.

לְתוֹמֵךְ תְּמִימָיו בְּיוֹם דִּין.

As We Stand in Judgment

There are no secrets from God
On this day of judgment.
    He knows our innermost thoughts
    As we stand in judgment.
Our feelings are as an opened book
On this day of judgment.
    All our deeds are on record
    As we stand in judgment.
Still, God will not be a stern judge
On this day of judgment,
    For He loves us as a father loves his children
    As we stand in judgment.
He is ready to forgive us
On this day of judgment,
    And to show His endless mercy
    As we stand in judgment.
What is it that God asks of us
On this day of judgment?
    That we prove worthy of His mercy
    As we stand in judgment.

קְדֻשָּׁה
A Prayer Glorifying God's Holiness

נְקַדֵּשׁ אֶת שִׁמְךָ בָּעוֹלָם כְּשֵׁם שֶׁמַּקְדִּישִׁים אוֹתוֹ בִּשְׁמֵי מָרוֹם,

כַּכָּתוּב עַל יַד נְבִיאֶךָ: וְקָרָא זֶה אֶל זֶה וְאָמַר —

קָדוֹשׁ, קָדוֹשׁ, קָדוֹשׁ, יְיָ צְבָאוֹת, מְלֹא כָל הָאָרֶץ כְּבוֹדוֹ.

אָז בְּקוֹל רַעַשׁ גָּדוֹל, אַדִּיר וְחָזָק, מַשְׁמִיעִים קוֹל, מִתְנַשְּׂאִים

לְעֻמַּת שְׂרָפִים, לְעֻמָּתָם בָּרוּךְ יֹאמֵרוּ:

בָּרוּךְ כְּבוֹד יְיָ מִמְּקוֹמוֹ.

מִמְּקוֹמְךָ, מַלְכֵּנוּ, תוֹפִיעַ וְתִמְלֹךְ עָלֵינוּ, כִּי מְחַכִּים אֲנַחְנוּ לָךְ. מָתַי תִּמְלֹךְ בְּצִיּוֹן, בְּקָרוֹב בְּיָמֵינוּ לְעוֹלָם וָעֶד תִּשְׁכֹּן. תִּתְגַּדַּל וְתִתְקַדַּשׁ בְּתוֹךְ יְרוּשָׁלַיִם עִירְךָ, לְדוֹר וָדוֹר וּלְנֵצַח נְצָחִים. וְעֵינֵינוּ תִרְאֶינָה מַלְכוּתֶךָ, כַּדָּבָר הָאָמוּר בְּשִׁירֵי עֻזֶּךָ, עַל יְדֵי דָוִד מְשִׁיחַ צִדְקֶךָ:

יִמְלֹךְ יְיָ לְעוֹלָם, אֱלֹהַיִךְ צִיּוֹן לְדֹר וָדֹר, הַלְלוּיָהּ.

וּבְכֵן

Let all nations form a fellowship of justice and peace.

וּבְכֵן תֵּן פַּחְדְּךָ, יְיָ אֱלֹהֵינוּ, עַל כָּל מַעֲשֶׂיךָ, וְאֵימָתְךָ עַל כָּל מַה שֶּׁבָּרָאתָ, וְיִירָאוּךָ כָּל הַמַּעֲשִׂים וְיִשְׁתַּחֲווּ לְפָנֶיךָ כָּל הַבְּרוּאִים, וְיֵעָשׂוּ כֻלָּם אֲגֻדָּה אַחַת לַעֲשׂוֹת רְצוֹנְךָ בְּלֵבָב שָׁלֵם. כְּמוֹ שֶׁיָּדַעְנוּ, יְיָ אֱלֹהֵינוּ, שֶׁהַשָּׁלְטָן לְפָנֶיךָ, עֹז בְּיָדְךָ וּגְבוּרָה בִּימִינֶךָ, וְשִׁמְךָ נוֹרָא עַל כָּל מַה שֶּׁבָּרָאתָ.

May honor and glory be our people's lot.

וּבְכֵן תֵּן כָּבוֹד, יְיָ, לְעַמֶּךָ, תְּהִלָּה לִירֵאֶיךָ וְתִקְוָה טוֹבָה לְדוֹרְשֶׁיךָ וּפִתְחוֹן פֶּה לַמְיַחֲלִים לָךְ. שִׂמְחָה לְאַרְצֶךָ וְשָׂשׂוֹן לְעִירֶךָ וּצְמִיחַת קֶרֶן לְדָוִד עַבְדֶּךָ, וַעֲרִיכַת נֵר לְבֶן־יִשַׁי מְשִׁיחֶךָ, בִּמְהֵרָה בְיָמֵינוּ.

We pray for the day when all wickedness will cease.

וּבְכֵן צַדִּיקִים יִרְאוּ וְיִשְׂמָחוּ, וִישָׁרִים יַעֲלֹזוּ, וַחֲסִידִים בְּרִנָּה יָגִילוּ. וְעוֹלָתָה תִּקְפָּץ־פִּיהָ, וְכָל הָרִשְׁעָה כֻּלָּהּ כְּעָשָׁן תִּכְלֶה, כִּי תַעֲבִיר מֶמְשֶׁלֶת זָדוֹן מִן הָאָרֶץ.

קָדוֹשׁ אַתָּה וְנוֹרָא שְׁמֶךָ וְאֵין אֱלוֹהַ מִבַּלְעָדֶיךָ, כַּכָּתוּב: וַיִּגְבַּהּ יְיָ צְבָאוֹת בַּמִּשְׁפָּט, וְהָאֵל הַקָּדוֹשׁ נִקְדַּשׁ בִּצְדָקָה. בָּרוּךְ אַתָּה יְיָ, הַמֶּלֶךְ הַקָּדוֹשׁ.

O God, teach all men to respect and obey Your will and to walk in Your ways. Help all the nations of the world to unite and work together for peace and brotherhood.
Help us to understand that each man is his brother's keeper. Free us from greed and selfishness, and teach us to share our blessings with others.
Guardian of Israel, be our people's strength and protector, and bring joy to the land of Israel.
Speed the time when wickedness will cease, and evil will be no more.

אַתָּה בְחַרְתָּנוּ

God has chosen us and brought us near to Him.
The festivals are His loving gifts to us.

אַתָּה בְחַרְתָּנוּ מִכָּל הָעַמִּים, אָהַבְתָּ אוֹתָנוּ וְרָצִיתָ בָּנוּ. וְרוֹמַמְתָּנוּ מִכָּל הַלְּשׁוֹנוֹת, וְקִדַּשְׁתָּנוּ בְּמִצְוֹתֶיךָ. וְקֵרַבְתָּנוּ מַלְכֵּנוּ לַעֲבוֹדָתֶךָ, וְשִׁמְךָ הַגָּדוֹל וְהַקָּדוֹשׁ עָלֵינוּ קָרָאתָ.

ON THE SABBATH ADD THE WORDS IN BRACKETS:

וַתִּתֶּן לָנוּ יְיָ אֱלֹהֵינוּ בְּאַהֲבָה, אֶת יוֹם [הַשַּׁבָּת הַזֶּה וְאֶת יוֹם] הַזִּכָּרוֹן הַזֶּה, יוֹם [זִכְרוֹן] תְּרוּעָה [בְּאַהֲבָה] מִקְרָא קֹדֶשׁ, זֵכֶר לִיצִיאַת מִצְרָיִם.

ROSH HASHANAH 36

יַעֲלֶה וְיָבֹא

God remembers His people Israel this day.

אֱלֹהֵינוּ וֵאלֹהֵי אֲבוֹתֵינוּ, יַעֲלֶה וְיָבֹא וְיַגִּיעַ וְיֵרָאֶה וְיֵרָצֶה
וְיִשָּׁמַע וְיִפָּקֵד וְיִזָּכֵר זִכְרוֹנֵנוּ וּפִקְדוֹנֵנוּ וְזִכְרוֹן אֲבוֹתֵינוּ,
וְזִכְרוֹן מָשִׁיחַ בֶּן־דָּוִד עַבְדֶּךָ, וְזִכְרוֹן יְרוּשָׁלַיִם עִיר קָדְשֶׁךָ,
וְזִכְרוֹן כָּל עַמְּךָ בֵּית יִשְׂרָאֵל לְפָנֶיךָ לִפְלֵיטָה וּלְטוֹבָה, לְחֵן
וּלְחֶסֶד וּלְרַחֲמִים, לְחַיִּים וּלְשָׁלוֹם, בְּיוֹם הַזִּכָּרוֹן הַזֶּה.
זָכְרֵנוּ יְיָ אֱלֹהֵינוּ בּוֹ לְטוֹבָה, וּפָקְדֵנוּ בוֹ לִבְרָכָה, וְהוֹשִׁיעֵנוּ
בוֹ לְחַיִּים. וּבִדְבַר יְשׁוּעָה וְרַחֲמִים חוּס וְחָנֵּנוּ, וְרַחֵם עָלֵינוּ
וְהוֹשִׁיעֵנוּ, כִּי אֵלֶיךָ עֵינֵינוּ, כִּי אֵל מֶלֶךְ חַנּוּן וְרַחוּם אָתָּה.

We serve God best when our hearts are pure.

ON SABBATH ADD THE WORDS IN BRACKETS:

אֱלֹהֵינוּ וֵאלֹהֵי אֲבוֹתֵינוּ, מְלוֹךְ עַל כָּל הָעוֹלָם כֻּלּוֹ בִּכְבוֹדֶךָ,
וְהִנָּשֵׂא עַל כָּל הָאָרֶץ בִּיקָרֶךָ, וְהוֹפַע בַּהֲדַר גְּאוֹן עֻזֶּךָ, עַל
כָּל יוֹשְׁבֵי תֵבֵל אַרְצֶךָ. וְיֵדַע כָּל פָּעוּל כִּי אַתָּה פְעַלְתּוֹ,
וְיָבִין כָּל יָצוּר כִּי אַתָּה יְצַרְתּוֹ, וְיֹאמַר כֹּל אֲשֶׁר נְשָׁמָה בְאַפּוֹ:
יְיָ אֱלֹהֵי יִשְׂרָאֵל מֶלֶךְ, וּמַלְכוּתוֹ בַּכֹּל מָשָׁלָה.
אֱלֹהֵינוּ וֵאלֹהֵי אֲבוֹתֵינוּ [רְצֵה בִמְנוּחָתֵנוּ], קַדְּשֵׁנוּ בְּמִצְוֹתֶיךָ
וְתֵן חֶלְקֵנוּ בְּתוֹרָתֶךָ, שַׂבְּעֵנוּ מִטּוּבֶךָ וְשַׂמְּחֵנוּ בִּישׁוּעָתֶךָ
[וְהַנְחִילֵנוּ, יְיָ אֱלֹהֵינוּ, בְּאַהֲבָה וּבְרָצוֹן שַׁבַּת קָדְשֶׁךָ, וְיָנוּחוּ

בָּהּ יִשְׂרָאֵל מְקַדְּשֵׁי שְׁמֶךָ] וְטַהֵר לִבֵּנוּ לְעָבְדְּךָ בֶּאֱמֶת, כִּי אַתָּה אֱלֹהִים אֱמֶת, וּדְבָרְךָ אֱמֶת וְקַיָּם לָעַד. בָּרוּךְ אַתָּה יְיָ, מֶלֶךְ עַל כָּל הָאָרֶץ, מְקַדֵּשׁ [הַשַּׁבָּת וְ]יִשְׂרָאֵל וְיוֹם הַזִּכָּרוֹן.

Day of Renewal

A PRAYER IN THE SPIRIT OF THE DAY

This day, we renew our faith in God
    And in His goodness.
We renew our faith in man,
    And pray that all may live in peace and harmony.
We renew our faith in our people,
    And in the Torah by which we live.
We renew our faith in our country,
    And pray that it will always remain free.
We renew our faith in ourselves,
    And pray that we may live up to the best in us.

May God look with favor upon us.

רְצֵה, יְיָ אֱלֹהֵינוּ, בְּעַמְּךָ יִשְׂרָאֵל וּבִתְפִלָּתָם. וְהָשֵׁב אֶת הָעֲבוֹדָה לִדְבִיר בֵּיתֶךָ, וְאִשֵּׁי יִשְׂרָאֵל וּתְפִלָּתָם בְּאַהֲבָה תְקַבֵּל בְּרָצוֹן, וּתְהִי לְרָצוֹן תָּמִיד עֲבוֹדַת יִשְׂרָאֵל עַמֶּךָ.

May we behold the return of God's glory to Zion.

וְתֶחֱזֶינָה עֵינֵינוּ בְּשׁוּבְךָ לְצִיּוֹן בְּרַחֲמִים. בָּרוּךְ אַתָּה יְיָ, הַמַּחֲזִיר שְׁכִינָתוֹ לְצִיּוֹן.

מוֹדִים

A Prayer of Gratitude to God

מוֹדִים אֲנַחְנוּ לָךְ, שָׁאַתָּה הוּא יְיָ אֱלֹהֵינוּ וֵאלֹהֵי אֲבוֹתֵינוּ לְעוֹלָם וָעֶד. צוּר חַיֵּינוּ, מָגֵן יִשְׁעֵנוּ אַתָּה הוּא. לְדוֹר וָדוֹר נוֹדֶה לְךָ וּנְסַפֵּר תְּהִלָּתֶךָ, עַל חַיֵּינוּ הַמְּסוּרִים בְּיָדֶךָ, וְעַל נִשְׁמוֹתֵינוּ הַפְּקוּדוֹת לָךְ, וְעַל נִסֶּיךָ שֶׁבְּכָל יוֹם עִמָּנוּ, וְעַל נִפְלְאוֹתֶיךָ וְטוֹבוֹתֶיךָ שֶׁבְּכָל עֵת, עֶרֶב וָבֹקֶר וְצָהֳרָיִם. הַטּוֹב כִּי לֹא כָלוּ רַחֲמֶיךָ, וְהַמְרַחֵם כִּי לֹא תַמּוּ חֲסָדֶיךָ, מֵעוֹלָם קִוִּינוּ לָךְ.

We thank You, O Lord. You are the God of our fathers, and You are our God. O Rock of Strength, we offer thanks to You for all Your blessings: We thank You for our lives, for Your never-failing kindness, and for Your wondrous deeds—morning, noon, and night.

We will praise Your name forever.

וְעַל כֻּלָּם יִתְבָּרַךְ וְיִתְרוֹמַם שִׁמְךָ מַלְכֵּנוּ תָּמִיד לְעוֹלָם וָעֶד. וּכְתוֹב לְחַיִּים טוֹבִים כָּל בְּנֵי בְרִיתֶךָ.

וְכֹל הַחַיִּים יוֹדוּךָ סֶּלָה, וִיהַלְלוּ אֶת שִׁמְךָ בֶּאֱמֶת, הָאֵל יְשׁוּעָתֵנוּ וְעֶזְרָתֵנוּ סֶלָה. בָּרוּךְ אַתָּה יְיָ, הַטּוֹב שִׁמְךָ וּלְךָ נָאֶה לְהוֹדוֹת.

MORNING SERVICE

בִּרְכַּת הַכֹּהֲנִים
The Priestly Blessing

אֱלֹהֵינוּ וֵאלֹהֵי אֲבוֹתֵינוּ, בָּרְכֵנוּ בַבְּרָכָה הַמְשֻׁלֶּשֶׁת בַּתּוֹרָה הַכְּתוּבָה עַל יְדֵי מֹשֶׁה עַבְדֶּךָ, הָאֲמוּרָה מִפִּי אַהֲרֹן וּבָנָיו כֹּהֲנִים, עַם קְדוֹשֶׁךָ, כָּאָמוּר:

CONGREGATION RESPONDS:

יְבָרֶכְךָ יְיָ וְיִשְׁמְרֶךָ.   כֵּן יְהִי רָצוֹן.
יָאֵר יְיָ פָּנָיו אֵלֶיךָ וִיחֻנֶּךָּ.   כֵּן יְהִי רָצוֹן.
יִשָּׂא יְיָ פָּנָיו אֵלֶיךָ וְיָשֵׂם לְךָ שָׁלוֹם.   כֵּן יְהִי רָצוֹן.

Our God and God of our fathers, bless us with the Torah's threefold blessing:

> The Lord bless you and guard you.
> The Lord cause His light to shine upon you
>   and be gracious unto you.
> The Lord look with favor upon you and grant you peace.

שִׂים שָׁלוֹם
We Pray for Peace

שִׂים שָׁלוֹם, טוֹבָה וּבְרָכָה, חֵן וָחֶסֶד וְרַחֲמִים, עָלֵינוּ וְעַל כָּל יִשְׂרָאֵל עַמֶּךָ. בָּרְכֵנוּ אָבִינוּ, כֻּלָּנוּ כְּאֶחָד, בְּאוֹר פָּנֶיךָ. כִּי בְאוֹר פָּנֶיךָ נָתַתָּ לָּנוּ, יְיָ אֱלֹהֵינוּ, תּוֹרַת חַיִּים וְאַהֲבַת חֶסֶד, וּצְדָקָה וּבְרָכָה וְרַחֲמִים, וְחַיִּים וְשָׁלוֹם. וְטוֹב בְּעֵינֶיךָ לְבָרֵךְ אֶת עַמְּךָ יִשְׂרָאֵל בְּכָל עֵת וּבְכָל שָׁעָה בִּשְׁלוֹמֶךָ.

בְּסֵפֶר חַיִּים, בְּרָכָה וְשָׁלוֹם וּפַרְנָסָה טוֹבָה, נִזָּכֵר וְנִכָּתֵב לְפָנֶיךָ, אֲנַחְנוּ וְכָל עַמְּךָ בֵּית יִשְׂרָאֵל, לְחַיִּים טוֹבִים וּלְשָׁלוֹם. בָּרוּךְ אַתָּה יְיָ, עוֹשֵׂה הַשָּׁלוֹם.

O God, let peace and happiness reign in our midst. Bless us, O Father, with the light of Your spirit, for by that light, You have shown us a way of life that teaches kindness, righteousness, mercy, and peace.

May we and all Your children be inscribed in the book of life for a life of happiness and peace. Amen.

אָבִינוּ מַלְכֵּנוּ

Our Father, Our King!

OMIT ON THE SABBATH

אָבִינוּ מַלְכֵּנוּ, חָטָאנוּ לְפָנֶיךָ.

אָבִינוּ מַלְכֵּנוּ, אֵין לָנוּ מֶלֶךְ אֶלָּא אָתָּה.

אָבִינוּ מַלְכֵּנוּ, עֲשֵׂה עִמָּנוּ לְמַעַן שְׁמֶךָ.

אָבִינוּ מַלְכֵּנוּ, חַדֵּשׁ עָלֵינוּ שָׁנָה טוֹבָה.

אָבִינוּ מַלְכֵּנוּ, כָּתְבֵנוּ בְּסֵפֶר חַיִּים טוֹבִים.

אָבִינוּ מַלְכֵּנוּ, כָּתְבֵנוּ בְּסֵפֶר גְּאֻלָּה וִישׁוּעָה.

אָבִינוּ מַלְכֵּנוּ, כָּתְבֵנוּ בְּסֵפֶר פַּרְנָסָה וְכַלְכָּלָה.

אָבִינוּ מַלְכֵּנוּ, כָּתְבֵנוּ בְּסֵפֶר זְכֻיּוֹת.

אָבִינוּ מַלְכֵּנוּ, כָּתְבֵנוּ בְּסֵפֶר סְלִיחָה וּמְחִילָה.

Our Father, our King, grant us a good life.
Our Father, our King, grant us a life of blessing.
Our Father, our King, grant us our daily needs.
Our Father, our King, grant us Your love and favor.
Our Father, our King, grant us forgiveness.

ALL JOIN IN CHANTING:

אָבִינוּ מַלְכֵּנוּ, חָנֵּנוּ וַעֲנֵנוּ, כִּי אֵין בָּנוּ מַעֲשִׂים.
עֲשֵׂה עִמָּנוּ צְדָקָה וָחֶסֶד וְהוֹשִׁיעֵנוּ.

Reader's Kaddish קַדִּישׁ שָׁלֵם

יִתְגַּדַּל וְיִתְקַדַּשׁ שְׁמֵהּ רַבָּא. בְּעָלְמָא דִּי בְרָא כִרְעוּתֵהּ
וְיַמְלִיךְ מַלְכוּתֵהּ, בְּחַיֵּיכוֹן וּבְיוֹמֵיכוֹן וּבְחַיֵּי דְכָל בֵּית יִשְׂרָאֵל,
בַּעֲגָלָא וּבִזְמַן קָרִיב, וְאִמְרוּ אָמֵן.

CONGREGATION AND READER RESPOND:

יְהֵא שְׁמֵהּ רַבָּא מְבָרַךְ לְעָלַם וּלְעָלְמֵי עָלְמַיָּא.

READER:

יִתְבָּרַךְ וְיִשְׁתַּבַּח, וְיִתְפָּאַר וְיִתְרוֹמַם, וְיִתְנַשֵּׂא וְיִתְהַדַּר,
וְיִתְעַלֶּה וְיִתְהַלַּל שְׁמֵהּ דְּקֻדְשָׁא—

CONGREGATION AND READER RESPOND:

בְּרִיךְ הוּא.

לְעֵלָּא וּלְעֵלָּא מִן כָּל בִּרְכָתָא וְשִׁירָתָא, תֻּשְׁבְּחָתָא וְנֶחֱמָתָא,
דַּאֲמִירָן בְּעָלְמָא, וְאִמְרוּ אָמֵן.

תִּתְקַבֵּל צְלוֹתְהוֹן וּבָעוּתְהוֹן דְּכָל בֵּית יִשְׂרָאֵל קֳדָם אֲבוּהוֹן
דִּי בִשְׁמַיָּא, וְאִמְרוּ אָמֵן.

יְהֵא שְׁלָמָא רַבָּא מִן שְׁמַיָּא וְחַיִּים עָלֵינוּ וְעַל כָּל יִשְׂרָאֵל,
וְאִמְרוּ אָמֵן.

עוֹשֶׂה שָׁלוֹם בִּמְרוֹמָיו, הוּא יַעֲשֶׂה שָׁלוֹם עָלֵינוּ וְעַל כָּל
יִשְׂרָאֵל, וְאִמְרוּ אָמֵן.

סֵדֶר קְרִיאַת הַתּוֹרָה

The Torah Service

אֵין כָּמוֹךָ בָאֱלֹהִים, אֲדֹנָי, וְאֵין כְּמַעֲשֶׂיךָ. מַלְכוּתְךָ מַלְכוּת כָּל עֹלָמִים, וּמֶמְשַׁלְתְּךָ בְּכָל דֹּר וָדֹר. יְיָ מֶלֶךְ, יְיָ מָלָךְ, יְיָ יִמְלֹךְ לְעֹלָם וָעֶד. יְיָ עֹז לְעַמּוֹ יִתֵּן, יְיָ יְבָרֵךְ אֶת עַמּוֹ בַשָּׁלוֹם.

אַב הָרַחֲמִים, הֵיטִיבָה בִרְצוֹנְךָ אֶת צִיּוֹן, תִּבְנֶה חוֹמוֹת יְרוּשָׁלָיִם. כִּי בְךָ לְבַד בָּטָחְנוּ, מֶלֶךְ אֵל רָם וְנִשָּׂא, אֲדוֹן עוֹלָמִים.

THE ARK IS OPENED

וַיְהִי בִּנְסֹעַ הָאָרֹן וַיֹּאמֶר משֶׁה: קוּמָה יְיָ, וְיָפֻצוּ אֹיְבֶיךָ, וְיָנֻסוּ מְשַׂנְאֶיךָ מִפָּנֶיךָ. כִּי מִצִּיּוֹן תֵּצֵא תוֹרָה, וּדְבַר יְיָ מִירוּשָׁלָיִם. בָּרוּךְ שֶׁנָּתַן תּוֹרָה לְעַמּוֹ יִשְׂרָאֵל בִּקְדֻשָּׁתוֹ.

THE REST OF THIS PAGE IS OMITTED ON SABBATH

יְיָ יְיָ, אֵל רַחוּם וְחַנּוּן, אֶרֶךְ אַפַּיִם וְרַב חֶסֶד וֶאֱמֶת. נֹצֵר חֶסֶד לָאֲלָפִים, נֹשֵׂא עָוֹן וָפֶשַׁע וְחַטָּאָה וְנַקֵּה.

Lord, merciful Lord,
You are patient, loving, and just.
You remember a kind act for a thousand generations.
And when we commit a wrong, You stand ready to forgive.

וַאֲנִי תְפִלָּתִי לְךָ, יְיָ, עֵת רָצוֹן.
אֱלֹהִים, בְּרָב־חַסְדֶּךָ, עֲנֵנִי בֶּאֱמֶת יִשְׁעֶךָ.

Show me Your great kindness, O God, and answer me.

A Prayer Before the Open Ark

O God, open our hearts to Your Torah. On this holy day, grant us our prayers for life and for peace. Amen.

בֵּהּ אֲנָא רָחֵץ, וְלִשְׁמֵהּ קַדִּישָׁא יַקִּירָא אֲנָא אֵמַר תֻּשְׁבְּחָן.
יְהֵא רַעֲוָא קֳדָמָךְ דְּתִפְתַּח לִבִּי בְּאוֹרַיְתָא, וְתַשְׁלִים מִשְׁאֲלִין
דְּלִבִּי וְלִבָּא דְכָל עַמָּךְ יִשְׂרָאֵל, לְטָב וּלְחַיִּין וְלִשְׁלָם, אָמֵן.

THE SCROLL OF THE TORAH IS TAKEN

READER AND CONGREGATION:

שְׁמַע יִשְׂרָאֵל, יְיָ אֱלֹהֵינוּ, יְיָ אֶחָד.

READER AND CONGREGATION:

אֶחָד אֱלֹהֵינוּ, גָּדוֹל אֲדוֹנֵינוּ, קָדוֹשׁ וְנוֹרָא שְׁמוֹ.

READER:

גַּדְּלוּ לַייָ אִתִּי, וּנְרוֹמְמָה שְׁמוֹ יַחְדָּו.

AS THE TORAH IS CARRIED, ALL CHANT:

לְךָ, יְיָ, הַגְּדֻלָּה וְהַגְּבוּרָה וְהַתִּפְאֶרֶת וְהַנֵּצַח וְהַהוֹד, כִּי כֹל
בַּשָּׁמַיִם וּבָאָרֶץ; לְךָ, יְיָ, הַמַּמְלָכָה וְהַמִּתְנַשֵּׂא לְכֹל לְרֹאשׁ.
רוֹמְמוּ יְיָ אֱלֹהֵינוּ, וְהִשְׁתַּחֲווּ לַהֲדֹם רַגְלָיו, קָדוֹשׁ הוּא. רוֹמְמוּ
יְיָ אֱלֹהֵינוּ, וְהִשְׁתַּחֲווּ לְהַר קָדְשׁוֹ, כִּי קָדוֹשׁ יְיָ אֱלֹהֵינוּ.

The Torah Blessings בִּרְכוֹת הַתּוֹרָה

THE PERSON CALLED TO THE TORAH SAYS:

בָּרְכוּ אֶת יְיָ הַמְבֹרָךְ.

CONGREGATION:

בָּרוּךְ יְיָ הַמְבֹרָךְ לְעוֹלָם וָעֶד.

THE PERSON CALLED TO THE TORAH REPEATS THE ABOVE AND CONTINUES:

בָּרוּךְ אַתָּה יְיָ, אֱלֹהֵינוּ מֶלֶךְ הָעוֹלָם, אֲשֶׁר בָּחַר בָּנוּ מִכָּל הָעַמִּים, וְנָתַן לָנוּ אֶת תּוֹרָתוֹ. בָּרוּךְ אַתָּה יְיָ, נוֹתֵן הַתּוֹרָה.

AFTER A SECTION OF THE TORAH HAS BEEN READ, THE FOLLOWING IS SAID:

בָּרוּךְ אַתָּה יְיָ, אֱלֹהֵינוּ מֶלֶךְ הָעוֹלָם, אֲשֶׁר נָתַן לָנוּ תּוֹרַת אֱמֶת, וְחַיֵּי עוֹלָם נָטַע בְּתוֹכֵנוּ. בָּרוּךְ אַתָּה יְיָ, נוֹתֵן הַתּוֹרָה.

THE TORAH READING—First Day Rosh Hashanah

The Torah reading for the first day is from the 21st chapter of Genesis. It tells of the birth of Isaac who according to Jewish tradition was born on the first day of Rosh Hashanah.

וַיהוָה פָּקַד אֶת־שָׂרָה כַּאֲשֶׁר אָמָר וַיַּעַשׂ יְהוָה לְשָׂרָה כַּאֲשֶׁר דִּבֵּר: וַתַּהַר וַתֵּלֶד שָׂרָה לְאַבְרָהָם בֵּן לִזְקֻנָיו לַמּוֹעֵד אֲשֶׁר־דִּבֶּר אֹתוֹ אֱלֹהִים: וַיִּקְרָא אַבְרָהָם אֶת־שֶׁם־בְּנוֹ הַנּוֹלַד־לוֹ אֲשֶׁר־יָלְדָה־לּוֹ שָׂרָה יִצְחָק: וַיָּמָל אַבְרָהָם אֶת־יִצְחָק בְּנוֹ בֶּן־שְׁמֹנַת יָמִים כַּאֲשֶׁר צִוָּה אֹתוֹ אֱלֹהִים: וְאַבְרָהָם בֶּן־מְאַת שָׁנָה בְּהִוָּלֶד לוֹ אֵת יִצְחָק בְּנוֹ: וַתֹּאמֶר שָׂרָה צְחֹק עָשָׂה לִי אֱלֹהִים כָּל־הַשֹּׁמֵעַ יִצְחַק־לִי: וַתֹּאמֶר

MORNING SERVICE

מִי מִלֵּל לְאַבְרָהָם הֵינִיקָה בָנִים שָׂרָה כִּי־יָלַדְתִּי בֵן לִזְקֻנָיו: וַיִּגְדַּל הַיֶּלֶד וַיִּגָּמַל וַיַּעַשׂ אַבְרָהָם מִשְׁתֶּה גָדוֹל בְּיוֹם הִגָּמֵל אֶת־יִצְחָק: וַתֵּרֶא שָׂרָה אֶת־בֶּן־הָגָר הַמִּצְרִית אֲשֶׁר־יָלְדָה לְאַבְרָהָם מְצַחֵק: וַתֹּאמֶר לְאַבְרָהָם גָּרֵשׁ הָאָמָה הַזֹּאת וְאֶת־בְּנָהּ כִּי לֹא יִירַשׁ בֶּן־הָאָמָה הַזֹּאת עִם־בְּנִי עִם־יִצְחָק: וַיֵּרַע הַדָּבָר מְאֹד בְּעֵינֵי אַבְרָהָם עַל אוֹדֹת בְּנוֹ: וַיֹּאמֶר אֱלֹהִים אֶל־אַבְרָהָם אַל־יֵרַע בְּעֵינֶיךָ עַל־הַנַּעַר וְעַל־אֲמָתֶךָ כֹּל אֲשֶׁר תֹּאמַר אֵלֶיךָ שָׂרָה שְׁמַע בְּקֹלָהּ כִּי בְיִצְחָק יִקָּרֵא לְךָ זָרַע:

God remembered Sarah, as He had promised. And Sarah gave birth to a son at the time predicted. Abraham called his son Isaac, meaning laughter, for Sarah earlier had laughed at the announcement that she would bear a child. Abraham was one hundred years old when Isaac was born.

As the child began to grow in understanding, Sarah became concerned for his future. She reasoned that Ishmael, the son of Hagar, would have a bad influence upon him, and she demanded that Abraham send Hagar and her son from their home. Abraham was displeased with Sarah's demand, since Ishmael was his son.

Abraham then turned to God for an answer. And God's reply, which came to Abraham in a dream, was as follows: "Do not be troubled about the lad and his mother. Listen to Sarah, follow her advice, for it is through Isaac that your name will be established. Do not be concerned about Ishmael since he will become the father of a great people."

So Abraham rose in the morning, gave Hagar bread and a

container of water, and sent her and her son away. Hagar wandered aimlessly in the desert near Beersheba.

Soon the water was gone. Hagar cast the child under a bush and sat down at a spot about an arrow's distance away, saying: "Let me not witness the child's death." Then she raised her voice and wept. And God heard her cries as well as those of the lad, and Hagar was told: "Have no fear. Arise, lift up the youth, and hold his hand fast. I will yet make him the father of a great nation."

At that moment, God opened Hagar's eyes and she beheld a well of water. She approached it, filled the container with water, and gave the youth to drink.

And God was with the youngster, and he grew up sturdy and strong. He dwelled in the desert of Paran and became an archer.

WHEN THE TORAH IS RAISED, ALL RECITE:

וְזֹאת הַתּוֹרָה אֲשֶׁר שָׂם מֹשֶׁה לִפְנֵי בְּנֵי יִשְׂרָאֵל, עַל פִּי יְיָ בְּיַד מֹשֶׁה.

THE TORAH READING—Second Day Rosh Hashanah

The Torah portion for the second day of Rosh Hashanah is from the 22nd chapter of Genesis. Like the first day's reading, it, too, deals with Isaac, relating the episode of his binding.

וַיְהִי אַחַר הַדְּבָרִים הָאֵלֶּה וְהָאֱלֹהִים נִסָּה אֶת־אַבְרָהָם וַיֹּאמֶר אֵלָיו אַבְרָהָם וַיֹּאמֶר הִנֵּנִי: וַיֹּאמֶר קַח־נָא אֶת־בִּנְךָ אֶת־יְחִידְךָ אֲשֶׁר־אָהַבְתָּ אֶת־יִצְחָק וְלֶךְ־לְךָ אֶל־אֶרֶץ הַמֹּרִיָּה וְהַעֲלֵהוּ שָׁם לְעֹלָה עַל אַחַד הֶהָרִים אֲשֶׁר אֹמַר אֵלֶיךָ: וַיַּשְׁכֵּם אַבְרָהָם בַּבֹּקֶר וַיַּחֲבֹשׁ אֶת־חֲמֹרוֹ וַיִּקַּח

אֶת־שְׁנֵ֤י נְעָרָיו֙ אִתּ֔וֹ וְאֵ֖ת יִצְחָ֣ק בְּנ֑וֹ וַיְבַקַּע֙ עֲצֵ֣י עֹלָ֔ה וַיָּ֣קָם
וַיֵּ֔לֶךְ אֶל־הַמָּק֖וֹם אֲשֶׁר־אָֽמַר־ל֥וֹ הָאֱלֹהִֽים׃

בַּיּ֣וֹם הַשְּׁלִישִׁ֗י וַיִּשָּׂ֨א אַבְרָהָ֧ם אֶת־עֵינָ֛יו וַיַּ֥רְא אֶת־הַמָּק֖וֹם
מֵרָחֹֽק׃ וַיֹּ֨אמֶר אַבְרָהָ֜ם אֶל־נְעָרָ֗יו שְׁבוּ־לָכֶ֥ם פֹּה֙ עִֽם־
הַחֲמ֔וֹר וַאֲנִ֣י וְהַנַּ֔עַר נֵלְכָ֖ה עַד־כֹּ֑ה וְנִשְׁתַּחֲוֶ֖ה וְנָשׁ֥וּבָה
אֲלֵיכֶֽם׃ וַיִּקַּ֨ח אַבְרָהָ֜ם אֶת־עֲצֵ֣י הָעֹלָ֗ה וַיָּ֙שֶׂם֙ עַל־יִצְחָ֣ק
בְּנ֔וֹ וַיִּקַּ֣ח בְּיָד֔וֹ אֶת־הָאֵ֖שׁ וְאֶת־הַֽמַּאֲכֶ֑לֶת וַיֵּלְכ֥וּ שְׁנֵיהֶ֖ם
יַחְדָּֽו׃ וַיֹּ֨אמֶר יִצְחָ֜ק אֶל־אַבְרָהָ֤ם אָבִיו֙ וַיֹּ֣אמֶר אָבִ֔י וַיֹּ֖אמֶר
הִנֶּ֣נִּֽי בְנִ֑י וַיֹּ֗אמֶר הִנֵּ֤ה הָאֵשׁ֙ וְהָ֣עֵצִ֔ים וְאַיֵּ֥ה הַשֶּׂ֖ה לְעֹלָֽה׃
וַיֹּ֙אמֶר֙ אַבְרָהָ֔ם אֱלֹהִ֞ים יִרְאֶה־לּ֥וֹ הַשֶּׂ֛ה לְעֹלָ֖ה בְּנִ֑י וַיֵּלְכ֥וּ
שְׁנֵיהֶ֖ם יַחְדָּֽו׃

וַיָּבֹ֗אוּ אֶֽל־הַמָּקוֹם֮ אֲשֶׁ֣ר אָֽמַר־ל֣וֹ הָאֱלֹהִים֒ וַיִּ֨בֶן שָׁ֤ם אַבְרָהָם֙
אֶת־הַמִּזְבֵּ֔חַ וַֽיַּעֲרֹ֖ךְ אֶת־הָעֵצִ֑ים וַֽיַּעֲקֹד֙ אֶת־יִצְחָ֣ק בְּנ֔וֹ וַיָּ֤שֶׂם
אֹתוֹ֙ עַל־הַמִּזְבֵּ֔חַ מִמַּ֖עַל לָעֵצִֽים׃ וַיִּשְׁלַ֤ח אַבְרָהָם֙ אֶת־יָד֔וֹ
וַיִּקַּ֖ח אֶת־הַֽמַּאֲכֶ֑לֶת לִשְׁחֹ֖ט אֶת־בְּנֽוֹ׃ וַיִּקְרָ֨א אֵלָ֜יו מַלְאַ֤ךְ יְהוָה֙
מִן־הַשָּׁמַ֔יִם וַיֹּ֖אמֶר אַבְרָהָ֣ם ׀ אַבְרָהָ֑ם וַיֹּ֖אמֶר הִנֵּֽנִי׃ וַיֹּ֗אמֶר
אַל־תִּשְׁלַ֤ח יָֽדְךָ֙ אֶל־הַנַּ֔עַר וְאַל־תַּ֥עַשׂ ל֖וֹ מְא֑וּמָה כִּ֣י עַתָּ֣ה
יָדַ֗עְתִּי כִּֽי־יְרֵ֤א אֱלֹהִים֙ אַ֔תָּה וְלֹ֥א חָשַׂ֛כְתָּ אֶת־בִּנְךָ֥ אֶת־
יְחִידְךָ֖ מִמֶּֽנִּי׃

And God tested Abraham's faith in Him, saying: "Take your son, Isaac, whom you love so deeply. Go to the land of Moriah and offer him there as a sacrifice on one of the mountains which I shall point out to you."

Doing as he was commanded, Abraham arose early the next morning, saddled his donkey, and took two of his servant lads with him and his son, Isaac. Then he cut wood for the offering and set out for the place designated by God.

On the third day, Abraham lifted his eyes and saw the place in the distance. And he said to his servants: "Remain here with the donkey, while my son and I proceed. When we are through, we will return." Abraham then took the wood for the offering and placed it on Isaac's back. He carried the fire and the knife himself. And the two walked on together.

When Abraham arrived at the place, he built an altar and began his preparations for the sacrifice. He arranged the wood, bound his son, Isaac, and laid him on the altar atop the wood. Then he reached forth and grasped the sacrificial knife to slay his son.

As he did so, an angel of God stopped him, calling: "Abraham, Abraham! Do not harm the lad, for now I know you are truly God-fearing. You would not have denied Me your only son."

And Abraham raised his eyes and beheld a ram caught in the brushwood by its horns. Seizing the ram, he offered it up as a sacrifice in Isaac's stead.

Again the angel of the Lord called to Abraham and said in God's behalf: "For what you were ready to do, you have My promise that I will bless you. I will make your descendants as numerous as the stars in the heavens and as the sand on the shore. Your children's name will become a blessing for all peoples of the earth."

WHEN THE TORAH IS RAISED, ALL RECITE:

וְזֹאת הַתּוֹרָה אֲשֶׁר שָׂם מֹשֶׁה לִפְנֵי בְּנֵי יִשְׂרָאֵל עַל פִּי יְיָ בְּיַד מֹשֶׁה.

בִּרְכוֹת הַהַפְטָרָה

The Haftarah Blessings

BEFORE READING THE HAFTARAH

בָּרוּךְ אַתָּה יְיָ אֱלֹהֵינוּ מֶלֶךְ הָעוֹלָם אֲשֶׁר בָּחַר בִּנְבִיאִים טוֹבִים וְרָצָה בְדִבְרֵיהֶם הַנֶּאֱמָרִים בֶּאֱמֶת. בָּרוּךְ אַתָּה יְיָ הַבּוֹחֵר בַּתּוֹרָה וּבְמֹשֶׁה עַבְדּוֹ וּבְיִשְׂרָאֵל עַמּוֹ וּבִנְבִיאֵי הָאֱמֶת וָצֶדֶק.

HAFTARAH—First Day Rosh Hashanah

Matching the Torah reading which speaks of the birth of Isaac, the Haftarah deals with the birth and early life of the prophet Samuel. According to the Rabbis, it was on Rosh Hashanah that God remembered the prayer of Samuel's mother for a child.

FROM SAMUEL, BOOK I, CHAPTERS 1–2

וַיְהִי אִישׁ אֶחָד מִן־הָרָמָתַיִם צוֹפִים מֵהַר אֶפְרָיִם וּשְׁמוֹ אֶלְקָנָה בֶּן־יְרֹחָם בֶּן־אֱלִיהוּא בֶּן־תֹּחוּ בֶן־צוּף אֶפְרָתִי: וְלוֹ שְׁתֵּי נָשִׁים שֵׁם אַחַת חַנָּה וְשֵׁם הַשֵּׁנִית פְּנִנָּה וַיְהִי לִפְנִנָּה יְלָדִים וּלְחַנָּה אֵין יְלָדִים:... וַיֹּאמֶר לָהּ אֶלְקָנָה אִישָׁהּ חַנָּה לָמֶה תִבְכִּי וְלָמֶה לֹא תֹאכְלִי וְלָמֶה יֵרַע לְבָבֵךְ הֲלוֹא אָנֹכִי טוֹב לָךְ מֵעֲשָׂרָה בָּנִים: וַתָּקָם חַנָּה אַחֲרֵי אָכְלָה בְשִׁלֹה וְאַחֲרֵי שָׁתֹה וְעֵלִי הַכֹּהֵן יֹשֵׁב עַל־הַכִּסֵּא עַל־מְזוּזַת הֵיכַל יְהוָה: וְהִיא מָרַת נָפֶשׁ וַתִּתְפַּלֵּל עַל־

ROSH HASHANAH

יְהוָה וּבָכֹה תִבְכֶּה: וַתִּדֹּר נֶדֶר וַתֹּאמַר יְהוָה צְבָאוֹת אִם־
רָאֹה תִרְאֶה ׀ בָּעֳנִי אֲמָתֶךָ וּזְכַרְתַּנִי וְלֹא־תִשְׁכַּח אֶת־אֲמָתֶךָ
וְנָתַתָּה לַאֲמָתְךָ זֶרַע אֲנָשִׁים וּנְתַתִּיו לַיהוָה כָּל־יְמֵי חַיָּיו
וּמוֹרָה לֹא־יַעֲלֶה עַל־רֹאשׁוֹ:...
וַיְהִי לִתְקֻפוֹת הַיָּמִים וַתַּהַר חַנָּה וַתֵּלֶד בֵּן וַתִּקְרָא אֶת־שְׁמוֹ
שְׁמוּאֵל כִּי מֵיְהוָה שְׁאִלְתִּיו:

Hannah, wife of Elkanah of the hill country of Ephraim, was childless. For years she had petitioned God for a child, and her prayer had not been granted. At last the blessed day came and a son was born to Hannah. She decided to call him Samuel, saying: "I have obtained him from the Lord."

Hannah loved Samuel dearly. Yet while he was still very young, she brought him to Eli, the Priest in the house of the Lord at Shiloh. And she said: "I prayed long for this child, and the Lord granted my petition. To show my gratitude, I desire to lend him to the Lord for as long as he lives."

So Samuel remained with Eli. He grew up in the house of the Lord and served the Lord. Knowing that her son was in the service of God, Hannah was filled with joy. "My heart rejoices in the Lord," she exclaimed. "He shields those who are faithful to Him and puts an end to the wicked. My heart delights in the Lord."

HAFTARAH—Second Day Rosh Hashanah

The prophet's words are fitting for Rosh Hashanah, for they call upon the people to repent of their sins and return to God.

FROM JEREMIAH, CHAPTER 31

כֹּה ׀ אָמַר יְהוָה קוֹל בְּרָמָה נִשְׁמָע נְהִי בְּכִי תַמְרוּרִים רָחֵל
מְבַכָּה עַל־בָּנֶיהָ מֵאֲנָה לְהִנָּחֵם עַל־בָּנֶיהָ כִּי אֵינֶנּוּ׃
כֹּה ׀ אָמַר יְהוָה מִנְעִי קוֹלֵךְ מִבֶּכִי וְעֵינַיִךְ מִדִּמְעָה כִּי יֵשׁ
שָׂכָר לִפְעֻלָּתֵךְ נְאֻם־יְהוָה וְשָׁבוּ מֵאֶרֶץ אוֹיֵב׃ וְיֵשׁ־תִּקְוָה
לְאַחֲרִיתֵךְ נְאֻם־יְהוָה וְשָׁבוּ בָנִים לִגְבוּלָם׃ שָׁמוֹעַ שָׁמַעְתִּי
אֶפְרַיִם מִתְנוֹדֵד יִסַּרְתַּנִי וָאִוָּסֵר כְּעֵגֶל לֹא לֻמָּד הֲשִׁבֵנִי
וְאָשׁוּבָה כִּי אַתָּה יְהוָה אֱלֹהָי׃ כִּי־אַחֲרֵי שׁוּבִי נִחַמְתִּי וְאַחֲרֵי
הִוָּדְעִי סָפַקְתִּי עַל־יָרֵךְ בֹּשְׁתִּי וְגַם־נִכְלַמְתִּי כִּי נָשָׂאתִי
חֶרְפַּת נְעוּרָי׃ הֲבֵן יַקִּיר לִי אֶפְרַיִם אִם יֶלֶד שַׁעֲשׁוּעִים
כִּי־מִדֵּי דַבְּרִי בּוֹ זָכֹר אֶזְכְּרֶנּוּ עוֹד עַל־כֵּן הָמוּ מֵעַי לוֹ
רַחֵם אֲרַחֲמֶנּוּ נְאֻם־יְהוָה׃

Thus has the Lord spoken:

A voice is heard at Ramah. It is Mother Rachel weeping for her scattered and exiled children.

Weep no longer. Your children will return from the land of the enemy. There is hope for your future.

My heart goes out to Israel and I shall show it My mercy.

This is the word of the Lord. Hear it, O nations of the earth: He who scattered the children of Israel will gather them, and He will care for them as a shepherd cares for his flock. They will return to sing on Zion's hills and will know no further sorrow. For their tears will be turned to gladness and their despair to joy!

Blessings After the Haftarah

בָּרוּךְ אַתָּה יְיָ, אֱלֹהֵינוּ מֶלֶךְ הָעוֹלָם, צוּר כָּל הָעוֹלָמִים, צַדִּיק בְּכָל הַדּוֹרוֹת, הָאֵל הַנֶּאֱמָן, הָאוֹמֵר וְעוֹשֶׂה, הַמְדַבֵּר וּמְקַיֵּם, שֶׁכָּל דְּבָרָיו אֱמֶת וָצֶדֶק.

נֶאֱמָן אַתָּה הוּא, יְיָ אֱלֹהֵינוּ, וְנֶאֱמָנִים דְּבָרֶיךָ, וְדָבָר אֶחָד מִדְּבָרֶיךָ אָחוֹר לֹא יָשׁוּב רֵיקָם, כִּי אֵל מֶלֶךְ נֶאֱמָן וְרַחֲמָן אָתָּה. בָּרוּךְ אַתָּה יְיָ, הָאֵל הַנֶּאֱמָן בְּכָל דְּבָרָיו.

רַחֵם עַל צִיּוֹן כִּי הִיא בֵּית חַיֵּינוּ, וְלַעֲלוּבַת נֶפֶשׁ תּוֹשִׁיעַ בִּמְהֵרָה בְיָמֵינוּ. בָּרוּךְ אַתָּה יְיָ, מְשַׂמֵּחַ צִיּוֹן בְּבָנֶיהָ.

שַׂמְּחֵנוּ, יְיָ אֱלֹהֵינוּ, בְּאֵלִיָּהוּ הַנָּבִיא עַבְדֶּךָ, וּבְמַלְכוּת בֵּית דָּוִד מְשִׁיחֶךָ. בִּמְהֵרָה יָבֹא, וְיָגֵל לִבֵּנוּ. עַל כִּסְאוֹ לֹא יֵשֵׁב זָר, וְלֹא יִנְחֲלוּ עוֹד אֲחֵרִים אֶת כְּבוֹדוֹ, כִּי בְשֵׁם קָדְשְׁךָ נִשְׁבַּעְתָּ לוֹ, שֶׁלֹּא יִכְבֶּה נֵרוֹ לְעוֹלָם וָעֶד. בָּרוּךְ אַתָּה יְיָ, מָגֵן דָּוִד.

ON THE SABBATH ADD THE WORDS IN BRACKETS:

עַל הַתּוֹרָה וְעַל הָעֲבוֹדָה וְעַל הַנְּבִיאִים [וְעַל יוֹם הַשַּׁבָּת הַזֶּה] וְעַל יוֹם הַזִּכָּרוֹן הַזֶּה, שֶׁנָּתַתָּ לָנוּ, יְיָ אֱלֹהֵינוּ, [לִקְדֻשָּׁה וְלִמְנוּחָה] לְכָבוֹד וּלְתִפְאָרֶת.

עַל הַכֹּל, יְיָ אֱלֹהֵינוּ, אֲנַחְנוּ מוֹדִים לָךְ, וּמְבָרְכִים אוֹתָךְ. יִתְבָּרַךְ שִׁמְךָ בְּפִי כָּל חַי תָּמִיד לְעוֹלָם וָעֶד, וּדְבָרְךָ אֱמֶת וְקַיָּם לָעַד. בָּרוּךְ אַתָּה יְיָ, מֶלֶךְ עַל כָּל הָאָרֶץ, מְקַדֵּשׁ [הַשַּׁבָּת וְ]יִשְׂרָאֵל וְיוֹם הַזִּכָּרוֹן.

MORNING SERVICE

סֵדֶר תְּקִיעַת שׁוֹפָר
The Shofar Service

THE SHOFAR SERVICE IS OMITTED ON SABBATH

The Meaning of the Shofar

The sound of the Shofar was once a summons to assemble, a signal of approaching danger, and a means of waking people for their daily tasks.

Today the Shofar summons us to carry out the holy purpose of this day. It calls upon us not to be satisfied with what we are, but to improve ourselves and the world about us.

We have duties to God and to our fellow man. The Shofar calls upon us to remember them. We have bad habits that make slaves of us. The Shofar reminds us to do battle with them.

Let us heed the Shofar and take its message to our hearts.

Blessings before Sounding the Shofar

בָּרוּךְ אַתָּה יְיָ, אֱלֹהֵינוּ מֶלֶךְ הָעוֹלָם, אֲשֶׁר קִדְּשָׁנוּ בְּמִצְוֹתָיו וְצִוָּנוּ לִשְׁמוֹעַ קוֹל שׁוֹפָר.

We praise You, O Lord our God, Ruler of the universe, who has made us holy through His commandments and directed us to hear the sounds of the Shofar.

בָּרוּךְ אַתָּה יְיָ, אֱלֹהֵינוּ מֶלֶךְ הָעוֹלָם, שֶׁהֶחֱיָנוּ וְקִיְּמָנוּ וְהִגִּיעָנוּ לַזְּמַן הַזֶּה.

We praise You, O Lord our God, Ruler of the universe, for blessing us with life and health and making it possible for us to celebrate this day.

Sounding the Shofar

תְּקִיעָה . שְׁבָרִים תְּרוּעָה . תְּקִיעָה

Heed the call of the Shofar!
"Serve God with your whole heart," it tells us.
"Be true to His Torah and its teachings."

תְּקִיעָה . שְׁבָרִים . תְּקִיעָה

Heed the call of the Shofar!
"Live in peace with one another," it tells us. "Do your share to make this a better world."

תְּקִיעָה . תְּרוּעָה . תְּקִיעָה גְדוֹלָה

Heed the call of the Shofar!
"Stand guard against wickedness," it tells us.
"Live your life worthily and righteously."

אַשְׁרֵי יוֹשְׁבֵי בֵיתֶךָ, עוֹד יְהַלְלוּךָ סֶּלָה.
אַשְׁרֵי הָעָם שֶׁכָּכָה לוֹ, אַשְׁרֵי הָעָם שֶׁיְיָ אֱלֹהָיו.
תְּהִלָּה לְדָוִד
אֲרוֹמִמְךָ, אֱלֹהַי הַמֶּלֶךְ, וַאֲבָרְכָה שִׁמְךָ לְעוֹלָם וָעֶד.
בְּכָל יוֹם אֲבָרְכֶךָּ, וַאֲהַלְלָה שִׁמְךָ לְעוֹלָם וָעֶד.
גָּדוֹל יְיָ וּמְהֻלָּל מְאֹד, וְלִגְדֻלָּתוֹ אֵין חֵקֶר.
דּוֹר לְדוֹר יְשַׁבַּח מַעֲשֶׂיךָ, וּגְבוּרֹתֶיךָ יַגִּידוּ.
הֲדַר כְּבוֹד הוֹדֶךָ וְדִבְרֵי נִפְלְאֹתֶיךָ אָשִׂיחָה.

וֶעֱזוּז נוֹרְאוֹתֶיךָ יֹאמֵרוּ, וּגְדֻלָּתְךָ אֲסַפְּרֶנָּה.
זֵכֶר רַב טוּבְךָ יַבִּיעוּ, וְצִדְקָתְךָ יְרַנֵּנוּ.
חַנּוּן וְרַחוּם יְיָ, אֶרֶךְ אַפַּיִם וּגְדָל חָסֶד.
טוֹב יְיָ לַכֹּל, וְרַחֲמָיו עַל כָּל מַעֲשָׂיו.
יוֹדוּךָ יְיָ כָּל מַעֲשֶׂיךָ, וַחֲסִידֶיךָ יְבָרְכוּכָה.
כְּבוֹד מַלְכוּתְךָ יֹאמֵרוּ, וּגְבוּרָתְךָ יְדַבֵּרוּ.
לְהוֹדִיעַ לִבְנֵי הָאָדָם גְּבוּרֹתָיו, וּכְבוֹד הֲדַר מַלְכוּתוֹ.
מַלְכוּתְךָ מַלְכוּת כָּל עֹלָמִים, וּמֶמְשַׁלְתְּךָ בְּכָל דּוֹר וָדֹר.
סוֹמֵךְ יְיָ לְכָל הַנֹּפְלִים, וְזוֹקֵף לְכָל הַכְּפוּפִים.
עֵינֵי כֹל אֵלֶיךָ יְשַׂבֵּרוּ, וְאַתָּה נוֹתֵן לָהֶם אֶת אָכְלָם בְּעִתּוֹ.
פּוֹתֵחַ אֶת יָדֶךָ, וּמַשְׂבִּיעַ לְכָל חַי רָצוֹן.
צַדִּיק יְיָ בְּכָל דְּרָכָיו, וְחָסִיד בְּכָל מַעֲשָׂיו.
קָרוֹב יְיָ לְכָל קֹרְאָיו, לְכֹל אֲשֶׁר יִקְרָאֻהוּ בֶאֱמֶת.
רְצוֹן יְרֵאָיו יַעֲשֶׂה, וְאֶת שַׁוְעָתָם יִשְׁמַע וְיוֹשִׁיעֵם.
שׁוֹמֵר יְיָ אֶת כָּל אֹהֲבָיו, וְאֵת כָּל הָרְשָׁעִים יַשְׁמִיד.
תְּהִלַּת יְיָ יְדַבֶּר פִּי, וִיבָרֵךְ כָּל בָּשָׂר שֵׁם קָדְשׁוֹ לְעוֹלָם וָעֶד.
וַאֲנַחְנוּ נְבָרֵךְ יָהּ, מֵעַתָּה וְעַד עוֹלָם, הַלְלוּיָהּ.

A READING BASED ON "ASHREI"

Blessed are they who dwell in Your House,
For they will sing Your praises forever.
  Blessed are they who place their hope in You,
  And have faith in You at all times.

ROSH HASHANAH   56

For You are mighty and great, O God,
Greater than man can possibly understand.
   Your wisdom has no equal,
      And Your miracles and wonders never cease.
You show mercy to all Your creatures,
Great and small alike.
   You were God even before the universe began,
      And You will be God for all time.
You open Your hand to satisfy our needs.
You are near when we call upon You sincerely.
   We praise You, O Lord our God,
      And we will praise You forever.
Halleluyah!

Returning the Torah to the Ark

THE READER TAKES THE TORAH AND CHANTS:

יְהַלְלוּ אֶת שֵׁם יְיָ, כִּי נִשְׂגָּב שְׁמוֹ לְבַדּוֹ.

THE CONGREGATION RESPONDS:

הוֹדוֹ עַל אֶרֶץ וְשָׁמָיִם, וַיָּרֶם קֶרֶן לְעַמּוֹ, תְּהִלָּה לְכָל חֲסִידָיו, לִבְנֵי יִשְׂרָאֵל עַם קְרוֹבוֹ, הַלְלוּיָהּ.

PSALM 29

ON THE SABBATH ONLY

A Psalm of David. Acclaim the Lord, O mighty beings; acclaim the Lord in glory.

מִזְמוֹר לְדָוִד. הָבוּ לַיְיָ, בְּנֵי אֵלִים, הָבוּ לַיְיָ כָּבוֹד וָעֹז. הָבוּ לַיְיָ כְּבוֹד שְׁמוֹ, הִשְׁתַּחֲווּ לַיְיָ בְּהַדְרַת קֹדֶשׁ. קוֹל יְיָ עַל הַמָּיִם, אֵל הַכָּבוֹד הִרְעִים, יְיָ עַל מַיִם רַבִּים. קוֹל יְיָ בַּכֹּחַ, קוֹל יְיָ

MORNING SERVICE

בֶּהָדָר, קוֹל יְיָ שֹׁבֵר אֲרָזִים, וַיְשַׁבֵּר יְיָ אֶת אַרְזֵי הַלְּבָנוֹן. וַיַּרְקִידֵם כְּמוֹ עֵגֶל, לְבָנוֹן וְשִׂרְיוֹן כְּמוֹ בֶן־רְאֵמִים. קוֹל יְיָ חֹצֵב לַהֲבוֹת אֵשׁ. קוֹל יְיָ יָחִיל מִדְבָּר, יָחִיל יְיָ מִדְבַּר קָדֵשׁ. קוֹל יְיָ יְחוֹלֵל אַיָּלוֹת, וַיֶּחֱשֹׂף יְעָרוֹת, וּבְהֵיכָלוֹ כֻּלּוֹ אֹמֵר כָּבוֹד. יְיָ לַמַּבּוּל יָשָׁב, וַיֵּשֶׁב יְיָ מֶלֶךְ לְעוֹלָם. יְיָ עֹז לְעַמּוֹ יִתֵּן, יְיָ יְבָרֵךְ אֶת עַמּוֹ בַשָּׁלוֹם.

AS THE TORAH IS RETURNED TO THE ARK, RECITE:

וּבְנֻחֹה יֹאמַר: שׁוּבָה, יְיָ, רִבְבוֹת אַלְפֵי יִשְׂרָאֵל. קוּמָה יְיָ לִמְנוּחָתֶךָ, אַתָּה וַאֲרוֹן עֻזֶּךָ. כֹּהֲנֶיךָ יִלְבְּשׁוּ צֶדֶק, וַחֲסִידֶיךָ יְרַנֵּנוּ. בַּעֲבוּר דָּוִד עַבְדֶּךָ, אַל תָּשֵׁב פְּנֵי מְשִׁיחֶךָ. כִּי לֶקַח טוֹב נָתַתִּי לָכֶם, תּוֹרָתִי אַל תַּעֲזֹבוּ.

עֵץ חַיִּים הִיא לַמַּחֲזִיקִים בָּהּ, וְתֹמְכֶיהָ מְאֻשָּׁר. דְּרָכֶיהָ דַרְכֵי נֹעַם, וְכָל נְתִיבוֹתֶיהָ שָׁלוֹם. הֲשִׁיבֵנוּ יְיָ אֵלֶיךָ וְנָשׁוּבָה, חַדֵּשׁ יָמֵינוּ כְּקֶדֶם.

The Torah is a tree of life to all who live by it,
And those who uphold it are blessed.
Its ways are ways of pleasantness,
And its paths are paths of peace.
Turn us unto You, O Lord,
And we shall return.
Renew our glory as in days of old.

THE ARK IS CLOSED

מוּסָף לְרֹאשׁ הַשָּׁנָה

Musaf Service for Rosh Hashanah

חֲצִי קַדִּישׁ

Reader's Kaddish

READER:

יִתְגַּדַּל וְיִתְקַדַּשׁ שְׁמֵהּ רַבָּא. בְּעָלְמָא דִּי בְרָא כִרְעוּתֵהּ
וְיַמְלִיךְ מַלְכוּתֵהּ, בְּחַיֵּיכוֹן וּבְיוֹמֵיכוֹן וּבְחַיֵּי דְכָל בֵּית יִשְׂרָאֵל,
בַּעֲגָלָא וּבִזְמַן קָרִיב, וְאִמְרוּ אָמֵן.

CONGREGATION AND READER RESPOND:

יְהֵא שְׁמֵהּ רַבָּא מְבָרַךְ לְעָלַם וּלְעָלְמֵי עָלְמַיָּא.

READER:

יִתְבָּרַךְ וְיִשְׁתַּבַּח, וְיִתְפָּאַר וְיִתְרוֹמַם, וְיִתְנַשֵּׂא וְיִתְהַדַּר,
וְיִתְעַלֶּה וְיִתְהַלַּל שְׁמֵהּ דְּקֻדְשָׁא–

CONGREGATION AND READER RESPOND:

בְּרִיךְ הוּא.

לְעֵֽלָּא וּלְעֵֽלָּא מִן כָּל בִּרְכָתָא וְשִׁירָתָא, תֻּשְׁבְּחָתָא וְנֶחֱמָתָא,
דַּאֲמִירָן בְּעָלְמָא, וְאִמְרוּ אָמֵן.

עֲמִידָה
The Amidah

Grant us life, O God of life, and inscribe us this day in the Book of Life. You are our Creator, our Guide and Helper. We put our trust in You.

בָּרוּךְ אַתָּה יְיָ, אֱלֹהֵינוּ וֵאלֹהֵי אֲבוֹתֵינוּ, אֱלֹהֵי אַבְרָהָם אֱלֹהֵי יִצְחָק וֵאלֹהֵי יַעֲקֹב. הָאֵל הַגָּדוֹל הַגִּבּוֹר וְהַנּוֹרָא, אֵל עֶלְיוֹן, גּוֹמֵל חֲסָדִים טוֹבִים, וְקוֹנֵה הַכֹּל, וְזוֹכֵר חַסְדֵי אָבוֹת, וּמֵבִיא גוֹאֵל לִבְנֵי בְנֵיהֶם לְמַעַן שְׁמוֹ בְּאַהֲבָה.

זָכְרֵנוּ לְחַיִּים, מֶלֶךְ חָפֵץ בַּחַיִּים, וְכָתְבֵנוּ בְּסֵפֶר הַחַיִּים, לְמַעַנְךָ אֱלֹהִים חַיִּים.

מֶלֶךְ עוֹזֵר וּמוֹשִׁיעַ וּמָגֵן. בָּרוּךְ אַתָּה יְיָ, מָגֵן אַבְרָהָם.

אַתָּה גִּבּוֹר לְעוֹלָם, יְיָ. מְחַיֵּה מֵתִים אַתָּה, רַב לְהוֹשִׁיעַ.

מְכַלְכֵּל חַיִּים בְּחֶסֶד, מְחַיֵּה מֵתִים בְּרַחֲמִים רַבִּים. סוֹמֵךְ נוֹפְלִים, וְרוֹפֵא חוֹלִים, וּמַתִּיר אֲסוּרִים, וּמְקַיֵּם אֱמוּנָתוֹ לִישֵׁנֵי עָפָר. מִי כָמוֹךָ בַּעַל גְּבוּרוֹת, וּמִי דּוֹמֶה לָּךְ. מֶלֶךְ מֵמִית וּמְחַיֶּה, וּמַצְמִיחַ יְשׁוּעָה.

מִי כָמוֹךָ אַב הָרַחֲמִים, זוֹכֵר יְצוּרָיו לְחַיִּים בְּרַחֲמִים.

וְנֶאֱמָן אַתָּה לְהַחֲיוֹת מֵתִים. בָּרוּךְ אַתָּה יְיָ, מְחַיֵּה הַמֵּתִים.

וּנְתַנֶּה תֹּקֶף

How completely holy this day is, how solemn and inspiring!

וּנְתַנֶּה תֹּקֶף קְדֻשַּׁת הַיּוֹם, כִּי הוּא נוֹרָא וְאָיוֹם. וּבוֹ תִנָּשֵׂא מַלְכוּתֶךָ, וְיִכּוֹן בְּחֶסֶד כִּסְאֶךָ, וְתֵשֵׁב עָלָיו בֶּאֱמֶת. אֱמֶת כִּי אַתָּה הוּא דַיָּן וּמוֹכִיחַ, וְיוֹדֵעַ וָעֵד, וְכוֹתֵב וְחוֹתֵם, וְסוֹפֵר וּמוֹנֶה, וְתִזְכּוֹר כָּל הַנִּשְׁכָּחוֹת, וְתִפְתַּח אֶת סֵפֶר הַזִּכְרוֹנוֹת, וּמֵאֵלָיו יִקָּרֵא, וְחוֹתַם יַד כָּל אָדָם בּוֹ.

וּבְשׁוֹפָר גָּדוֹל יִתָּקַע, וְקוֹל דְּמָמָה דַקָּה יִשָּׁמַע, וּמַלְאָכִים יֵחָפֵזוּן, וְחִיל וּרְעָדָה יֹאחֵזוּן, וְיֹאמְרוּ הִנֵּה יוֹם הַדִּין, לִפְקוֹד עַל צְבָא מָרוֹם בַּדִּין, כִּי לֹא יִזְכּוּ בְעֵינֶיךָ בַּדִּין. וְכָל בָּאֵי עוֹלָם יַעַבְרוּן לְפָנֶיךָ כִּבְנֵי מָרוֹן. כְּבַקָּרַת רוֹעֶה עֶדְרוֹ, מַעֲבִיר צֹאנוֹ תַּחַת שִׁבְטוֹ, כֵּן תַּעֲבִיר וְתִסְפּוֹר וְתִמְנֶה, וְתִפְקוֹד נֶפֶשׁ כָּל חָי, וְתַחְתּוֹךְ קִצְבָה לְכָל בְּרִיָּה, וְתִכְתּוֹב אֶת גְּזַר דִּינָם.

Like sheep before the shepherd, we pass today before God. He takes stock of all of us. Our good traits and our bad ones, our kind deeds and our selfish ones, are noticed and counted.

This day was meant for us to be judged not only by God but by ourselves. We look into our hearts, we examine our conduct, and we ask ourselves whether we have lived up to our responsibilities to man and to God.

God decides who will live; it is we who decide how to live. Let us choose to live in such ways that the new year will be a happier year for us and for all our fellow men.

בְּרֹאשׁ הַשָּׁנָה

Life Is in the Hands of God

בְּרֹאשׁ הַשָּׁנָה יִכָּתֵבוּן, וּבְיוֹם צוֹם כִּפּוּר יֵחָתֵמוּן,
כַּמָּה יַעַבְרוּן, וְכַמָּה יִבָּרֵאוּן,
מִי יִחְיֶה, וּמִי יָמוּת,
מִי בְקִצּוֹ, וּמִי לֹא בְקִצּוֹ,
מִי בָאֵשׁ, וּמִי בַמַּיִם,
מִי בַחֶרֶב, וּמִי בַחַיָּה,
מִי בָרָעָב, וּמִי בַצָּמָא,
מִי בָרַעַשׁ, וּמִי בַמַּגֵּפָה,
מִי בַחֲנִיקָה, וּמִי בִסְקִילָה,
מִי יָנוּחַ, וּמִי יָנוּעַ,
מִי יִשָּׁקֵט, וּמִי יִטָּרֵף,
מִי יִשָּׁלֵו, וּמִי יִתְיַסָּר,
מִי יֵעָנִי, וּמִי יֵעָשֵׁר,
מִי יִשָּׁפֵל, וּמִי יָרוּם.

וּתְשׁוּבָה וּתְפִלָּה וּצְדָקָה
מַעֲבִירִין אֶת רֹעַ הַגְּזֵרָה.
וְאַתָּה הוּא מֶלֶךְ אֵל חַי וְקַיָּם.

In Your hands, O Lord, is the decision,
   Only You have the answer:
Who shall live
   And who shall die;
Who shall go hungry
   And who shall enjoy plenty;
Who shall be at war
   And who shall live in peace;
Who shall take ill
   And who shall be of sound health;
Who shall know sorrow
   And who shall find joy.
In Your hands, O Lord, is the decision,
   Only You have the answer.

Yet repentance, prayer, and righteous deeds
   Will soften the judgment.
For You, O Lord, are the God of life
   And You desire that we live.

קְדֻשָּׁה

God is all-powerful yet merciful. We glorify His holiness.

נַעֲרִיצְךָ וְנַקְדִּישְׁךָ, כְּסוֹד שִׂיחַ שַׂרְפֵי קֹדֶשׁ, הַמַּקְדִּישִׁים שִׁמְךָ בַּקֹּדֶשׁ. כַּכָּתוּב עַל־יַד נְבִיאֶךָ: וְקָרָא זֶה אֶל זֶה וְאָמַר —

קָדוֹשׁ, קָדוֹשׁ, קָדוֹשׁ, יְיָ צְבָאוֹת.

מְלֹא כָל הָאָרֶץ כְּבוֹדוֹ.

כְּבוֹדוֹ מָלֵא עוֹלָם. מְשָׁרְתָיו שׁוֹאֲלִים זֶה לָזֶה, אַיֵּה מְקוֹם כְּבוֹדוֹ. לְעֻמָּתָם בָּרוּךְ יֹאמֵרוּ:

בָּרוּךְ כְּבוֹד יְיָ מִמְּקוֹמוֹ.

מִמְּקוֹמוֹ הוּא יִֽפֶן בְּרַחֲמִים, וְיָחֹן עַם הַמְיַחֲדִים שְׁמוֹ, עֶֽרֶב וָבֹֽקֶר בְּכָל יוֹם תָּמִיד, פַּעֲמַֽיִם בְּאַהֲבָה שְׁמַע אוֹמְרִים:

שְׁמַע יִשְׂרָאֵל, יְיָ אֱלֹהֵֽינוּ, יְיָ אֶחָד.

הוּא אֱלֹהֵֽינוּ, הוּא אָבִֽינוּ, הוּא מַלְכֵּֽנוּ, הוּא מוֹשִׁיעֵֽנוּ. וְהוּא יַשְׁמִיעֵֽנוּ בְּרַחֲמָיו שֵׁנִית לְעֵינֵי כָּל חָי, לִהְיוֹת לָכֶם לֵאלֹהִים.

אֲנִי יְיָ אֱלֹהֵיכֶם.

וּבְדִבְרֵי קָדְשְׁךָ כָּתוּב לֵאמֹר:

יִמְלֹךְ יְיָ לְעוֹלָם, אֱלֹהַֽיִךְ צִיּוֹן לְדֹר וָדֹר, הַלְלוּיָהּ.

וְכֹל מַאֲמִינִים

Our Beliefs about God

וְכֹל מַאֲמִינִים שֶׁהוּא אֵל אֱמוּנָה,

הַבּוֹחֵן וּבוֹדֵק גִּנְזֵי נִסְתָּרוֹת.

וְכֹל מַאֲמִינִים שֶׁהוּא בּוֹחֵן כְּלָיוֹת,

הַגּוֹאֵל מִמָּֽוֶת וּפוֹדֶה מִשַּֽׁחַת.

וְכֹל מַאֲמִינִים שֶׁהוּא גּוֹאֵל חָזָק,

הַדָּן יְחִידִי לְבָאֵי עוֹלָם.

וְכֹל מַאֲמִינִים שֶׁהוּא דַּיַּן אֱמֶת,

הֶהָגוּי בְּאֶהְיֶה אֲשֶׁר אֶהְיֶה.

וְכֹל מַאֲמִינִים שֶׁהוּא הָיָה וְיִהְיֶה,
הַוַּדַּאי שְׁמוֹ וְכֵן תְּהִלָּתוֹ.
וְכֹל מַאֲמִינִים שֶׁהוּא וְאֵין בִּלְתּוֹ,
הַזּוֹכֵר לְמַזְכִּירָיו טוֹבוֹת זִכְרוֹנוֹת.
וְכֹל מַאֲמִינִים שֶׁהוּא זוֹכֵר הַבְּרִית,
הַחוֹתֵךְ חַיִּים לְכָל חָי.

The Qualities of God

We worship God, Creator of all,
For His might guards us,
His wisdom guides us,
His love enfolds us,
His mercy protects us,
His greatness strengthens us,
His kindness inspires us,
And His teachings ennoble us.

ON THE SABBATH ADD:

יִשְׂמְחוּ בְמַלְכוּתְךָ שׁוֹמְרֵי שַׁבָּת וְקוֹרְאֵי עֹנֶג, עַם מְקַדְּשֵׁי שְׁבִיעִי, כֻּלָּם יִשְׂבְּעוּ וְיִתְעַנְּגוּ מִטּוּבֶךָ. וְהַשְּׁבִיעִי רָצִיתָ בּוֹ וְקִדַּשְׁתּוֹ, חֶמְדַּת יָמִים אֹתוֹ קָרָאתָ, זֵכֶר לְמַעֲשֵׂה בְרֵאשִׁית.

עָלֵינוּ

We praise the Lord, King of kings, with bowed head. In the adult congregation, the Cantor falls upon his knees as did the High Priest in Temple days.

עָלֵינוּ לְשַׁבֵּחַ לַאֲדוֹן הַכֹּל, לָתֵת גְּדֻלָּה לְיוֹצֵר בְּרֵאשִׁית, שֶׁלֹּא עָשָׂנוּ כְּגוֹיֵי הָאֲרָצוֹת, וְלֹא שָׂמָנוּ כְּמִשְׁפְּחוֹת הָאֲדָמָה, שֶׁלֹּא שָׂם חֶלְקֵנוּ כָּהֶם, וְגוֹרָלֵנוּ כְּכָל הֲמוֹנָם. וַאֲנַחְנוּ כּוֹרְעִים וּמִשְׁתַּחֲוִים וּמוֹדִים לִפְנֵי מֶלֶךְ מַלְכֵי הַמְּלָכִים, הַקָּדוֹשׁ בָּרוּךְ הוּא.

שֶׁהוּא נוֹטֶה שָׁמַיִם וְיוֹסֵד אָרֶץ, וּמוֹשַׁב יְקָרוֹ בַּשָּׁמַיִם מִמַּעַל וּשְׁכִינַת עֻזּוֹ בְּגָבְהֵי מְרוֹמִים. הוּא אֱלֹהֵינוּ אֵין עוֹד. אֱמֶת מַלְכֵּנוּ, אֶפֶס זוּלָתוֹ, כַּכָּתוּב בְּתוֹרָתוֹ: וְיָדַעְתָּ הַיּוֹם וַהֲשֵׁבֹתָ אֶל לְבָבֶךָ, כִּי יְיָ הוּא הָאֱלֹהִים בַּשָּׁמַיִם מִמַּעַל וְעַל הָאָרֶץ מִתָּחַת, אֵין עוֹד.

Our Offerings

A READING PROMPTED BY "ALENU"

The glory of Temple days is no more.
Gone are the Temple, the High Priest, and the sacrifices.

In place of the sacrifices we now bring offerings
From our lips, our hearts, our minds, and our means.

We serve God with our lips,
When we use them to pray and to bring joy into the lives of others.

We serve God with our heart,
When we fill it with love for our fellow men and with faith in God's goodness.

We serve God with our mind,
When we study His teachings and expand our knowledge of the world He created.

We serve God with our means,
When we extend a helping hand to the needy and are generous to worthwhile causes.

We must serve God willingly and cheerfully
With our lips, our hearts, our minds, and our means.

מַלְכֻיּוֹת

God Is Master

וְעַל יְדֵי עֲבָדֶיךָ הַנְּבִיאִים כָּתוּב לֵאמֹר: כֹּה אָמַר יְיָ, מֶלֶךְ יִשְׂרָאֵל וְגֹאֲלוֹ, יְיָ צְבָאוֹת: אֲנִי רִאשׁוֹן וַאֲנִי אַחֲרוֹן, וּמִבַּלְעָדַי אֵין אֱלֹהִים. וְנֶאֱמַר: וְעָלוּ מוֹשִׁיעִים בְּהַר צִיּוֹן לִשְׁפֹּט אֶת הַר עֵשָׂו, וְהָיְתָה לַייָ הַמְּלוּכָה. וְנֶאֱמַר: וְהָיָה יְיָ לְמֶלֶךְ עַל כָּל הָאָרֶץ, בַּיּוֹם הַהוּא יִהְיֶה יְיָ אֶחָד וּשְׁמוֹ אֶחָד. וּבְתוֹרָתְךָ כָּתוּב לֵאמֹר: שְׁמַע יִשְׂרָאֵל, יְיָ אֱלֹהֵינוּ, יְיָ אֶחָד.

ON SABBATH ADD THE WORDS IN BRACKETS:

אֱלֹהֵינוּ וֵאלֹהֵי אֲבוֹתֵינוּ, מְלוֹךְ עַל כָּל הָעוֹלָם כֻּלּוֹ בִּכְבוֹדֶךָ, וְהִנָּשֵׂא עַל כָּל הָאָרֶץ בִּיקָרֶךָ, וְהוֹפַע בַּהֲדַר גְּאוֹן עֻזֶּךָ, עַל

כָּל יוֹשְׁבֵי תֵבֵל אַרְצֶךָ. וְיֵדַע כָּל פָּעוּל כִּי אַתָּה פְעַלְתּוֹ, וְיָבִין כָּל יָצוּר כִּי אַתָּה יְצַרְתּוֹ, וְיֹאמַר כֹּל אֲשֶׁר נְשָׁמָה בְאַפּוֹ: יְיָ אֱלֹהֵי יִשְׂרָאֵל מֶלֶךְ, וּמַלְכוּתוֹ בַּכֹּל מָשָׁלָה.

אֱלֹהֵינוּ וֵאלֹהֵי אֲבוֹתֵינוּ [רְצֵה בִמְנוּחָתֵנוּ], קַדְּשֵׁנוּ בְּמִצְוֹתֶיךָ וְתֵן חֶלְקֵנוּ בְּתוֹרָתֶךָ, שַׂבְּעֵנוּ מִטּוּבֶךָ וְשַׂמְּחֵנוּ בִּישׁוּעָתֶךָ [וְהַנְחִילֵנוּ, יְיָ אֱלֹהֵינוּ, בְּאַהֲבָה וּבְרָצוֹן שַׁבַּת קָדְשֶׁךָ, וְיָנוּחוּ בָהּ יִשְׂרָאֵל מְקַדְּשֵׁי שְׁמֶךָ] וְטַהֵר לִבֵּנוּ לְעָבְדְּךָ בֶּאֱמֶת, כִּי אַתָּה אֱלֹהִים אֱמֶת, וּדְבָרְךָ אֱמֶת וְקַיָּם לָעַד. בָּרוּךְ אַתָּה יְיָ, מֶלֶךְ עַל כָּל הָאָרֶץ, מְקַדֵּשׁ [הַשַּׁבָּת וְ]יִשְׂרָאֵל וְיוֹם הַזִּכָּרוֹן.

We Are Reminded

A MEDITATION

This day we are reminded that man is God's pride. All of creation was for man's benefit. And all man's blessings should be used to glorify his Creator.

God has given us strong bodies. Let us use our good health to serve Him and our fellow man.

God has given us the ability to learn. Let us use our minds to help Him complete the work He began at the time of creation.

God has given us the power to love and to have mercy. Let us use these blessings to make the world happier.

Sounding the Shofar

THE SHOFAR IS NOT BLOWN ON SABBATH

תְּקִיעָה . שְׁבָרִים תְּרוּעָה . תְּקִיעָה

OMITTED ON SABBATH

אֲרֶשֶׁת שְׂפָתֵינוּ יֶעֱרַב לְפָנֶיךָ, אֵל רָם וְנִשָּׂא. מֵבִין וּמַאֲזִין, מַבִּיט וּמַקְשִׁיב, לְקוֹל תְּקִיעָתֵנוּ. וּתְקַבֵּל בְּרַחֲמִים וּבְרָצוֹן סֵדֶר מַלְכִיּוֹתֵינוּ.

זִכְרוֹנוֹת
God Remembers

אַתָּה זוֹכֵר מַעֲשֵׂה עוֹלָם,
וּפוֹקֵד כָּל יְצוּרֵי קֶדֶם.
לְפָנֶיךָ נִגְלוּ כָּל תַּעֲלוּמוֹת,
וַהֲמוֹן נִסְתָּרוֹת שֶׁמִּבְּרֵאשִׁית.
אֵין שִׁכְחָה לִפְנֵי כִסֵּא כְבוֹדֶךָ,
וְאֵין נִסְתָּר מִנֶּגֶד עֵינֶיךָ.
אַתָּה זוֹכֵר אֶת כָּל הַמִּפְעָל,
וְגַם כָּל הַיְצוּר לֹא נִכְחַד מִמֶּךָּ.
הַכֹּל גָּלוּי וְיָדוּעַ לְפָנֶיךָ, יְיָ אֱלֹהֵינוּ,
צוֹפֶה וּמַבִּיט עַד סוֹף כָּל הַדּוֹרוֹת.

He remembers His covenant with our people.

וְעַל יְדֵי עֲבָדֶיךָ הַנְּבִיאִים כָּתוּב לֵאמֹר: הָלוֹךְ וְקָרָאתָ בְאָזְנֵי יְרוּשָׁלַיִם לֵאמֹר, כֹּה אָמַר יְיָ, זָכַרְתִּי לָךְ חֶסֶד נְעוּרַיִךְ, אַהֲבַת כְּלוּלֹתָיִךְ, לֶכְתֵּךְ אַחֲרַי בַּמִּדְבָּר, בְּאֶרֶץ לֹא זְרוּעָה. וְנֶאֱמַר: וְזָכַרְתִּי אֲנִי אֶת בְּרִיתִי אוֹתָךְ בִּימֵי נְעוּרָיִךְ, וַהֲקִימוֹתִי

69   MUSAF SERVICE

לָךְ בְּרִית עוֹלָם. וְנֶאֱמַר: הֲבֵן יַקִּיר לִי אֶפְרַיִם, אִם יֶלֶד שַׁעֲשׁוּעִים, כִּי מִדֵּי דַבְּרִי בּוֹ זָכֹר אֶזְכְּרֶנּוּ עוֹד. עַל כֵּן הָמוּ מֵעַי לוֹ, רַחֵם אֲרַחֲמֶנּוּ, נְאֻם יְיָ.

He remembers all things past.

כִּי זוֹכֵר כָּל הַנִּשְׁכָּחוֹת אַתָּה הוּא מֵעוֹלָם, וְאֵין שִׁכְחָה לִפְנֵי כִסֵּא כְבוֹדֶךָ. וַעֲקֵדַת יִצְחָק לְזַרְעוֹ הַיּוֹם בְּרַחֲמִים תִּזְכּוֹר.

בָּרוּךְ אַתָּה יְיָ, זוֹכֵר הַבְּרִית.

Day of Remembrance

A COMMENTARY

The earth is a tiny speck in the vast universe God created. Man's life-span is but a small fraction of a moment in the long history of the world. Yet every human being on earth is important to God.

On this day, God remembers us and all His creatures. And each of us has a duty to remember what He expects of us.

He asks us to recall that we were created in His image and have a responsibility to be God-like in our conduct. He asks us to help Him fashion this earth into the peaceful planet He meant it to be.

On this Day of Remembrance, let us remember that if there is to be a brighter tomorrow for all mankind, we must do our part. If there are to be happier times for our people, we must do our share to create them. We are the hope of the future.

Sounding the Shofar

THE SHOFAR IS NOT BLOWN ON SABBATH

תְּקִיעָה . שְׁבָרִים תְּרוּעָה . תְּקִיעָה

שׁוֹפָרוֹת

The Shofar of Freedom

אֱלֹהֵֽינוּ וֵאלֹהֵי אֲבוֹתֵֽינוּ, תְּקַע בְּשׁוֹפָר גָּדוֹל לְחֵרוּתֵֽנוּ, וְשָׂא
נֵס לְקַבֵּץ גָּלֻיּוֹתֵֽינוּ, וְקָרֵב פְּזוּרֵֽינוּ מִבֵּין הַגּוֹיִם, וּנְפוּצוֹתֵֽינוּ
כַּנֵּס מִיַּרְכְּתֵי אָֽרֶץ. וַהֲבִיאֵֽנוּ לְצִיּוֹן עִירְךָ בְּרִנָּה, וְלִירוּשָׁלַֽיִם
בֵּית מִקְדָּשְׁךָ בְּשִׂמְחַת עוֹלָם.

כִּי אַתָּה שׁוֹמֵֽעַ קוֹל שׁוֹפָר, וּמַאֲזִין תְּרוּעָה, וְאֵין דּֽוֹמֶה לָּךְ.
בָּרוּךְ אַתָּה יְיָ, שׁוֹמֵֽעַ קוֹל תְּרוּעַת עַמּוֹ יִשְׂרָאֵל בְּרַחֲמִים.

Abraham, Isaac, and Jacob

A READING SUGGESTED BY THE SOUNDING OF THE SHOFAR

The prayers, the Torah reading, the blasts of the Shofar—all remind us of our forefathers Abraham, Isaac, and Jacob.
Their righteous deeds shine down through the ages to help us find our way in life.

Abraham believed in one God and had supreme trust in Him.
May we, like Abraham, have true faith in God and learn to do His will.

Isaac, walking in his father's path, was a man of peace.
May we, like Isaac, do our share to make the world a place where all men live in peace.

Jacob had the courage to face many trials.
May we, like Jacob, learn to meet our problems bravely and courageously.

Make a New Beginning

*All men come before God,
Passing in review;*

*Each one's acts are studied,
His deeds held up to view.*

*Our faults are far too many,
Our good works much too few.*

*Time to start a fresh year,
Begin our lives anew.*

*Cleanse our lips of falsehood,
Our wicked thoughts subdue.*

*Turn from roads misleading,
Into pathways true.*

May God look with favor upon us.

רְצֵה, יְיָ אֱלֹהֵינוּ, בְּעַמְּךָ יִשְׂרָאֵל וּבִתְפִלָּתָם. וְהָשֵׁב אֶת הָעֲבוֹדָה לִדְבִיר בֵּיתֶךָ, וְאִשֵּׁי יִשְׂרָאֵל וּתְפִלָּתָם בְּאַהֲבָה תְקַבֵּל בְּרָצוֹן, וּתְהִי לְרָצוֹן תָּמִיד עֲבוֹדַת יִשְׂרָאֵל עַמֶּךָ.

May we behold the return of God's glory to Zion.

וְתֶחֱזֶינָה עֵינֵינוּ בְּשׁוּבְךָ לְצִיּוֹן בְּרַחֲמִים. בָּרוּךְ אַתָּה יְיָ, הַמַּחֲזִיר שְׁכִינָתוֹ לְצִיּוֹן.

ROSH HASHANAH

מוֹדִים

A Prayer of Gratitude to God

מוֹדִים אֲנַחְנוּ לָךְ, שָׁאַתָּה הוּא יְיָ אֱלֹהֵינוּ וֵאלֹהֵי אֲבוֹתֵינוּ לְעוֹלָם וָעֶד. צוּר חַיֵּינוּ, מָגֵן יִשְׁעֵנוּ אַתָּה הוּא. לְדוֹר וָדוֹר נוֹדֶה לְּךָ וּנְסַפֵּר תְּהִלָּתֶךָ, עַל חַיֵּינוּ הַמְּסוּרִים בְּיָדֶךָ, וְעַל נִשְׁמוֹתֵינוּ הַפְּקוּדוֹת לָךְ, וְעַל נִסֶּיךָ שֶׁבְּכָל יוֹם עִמָּנוּ, וְעַל נִפְלְאוֹתֶיךָ וְטוֹבוֹתֶיךָ שֶׁבְּכָל עֵת, עֶרֶב וָבֹקֶר וְצָהֳרָיִם. הַטּוֹב כִּי לֹא כָלוּ רַחֲמֶיךָ, וְהַמְרַחֵם כִּי לֹא תַמּוּ חֲסָדֶיךָ, מֵעוֹלָם קִוִּינוּ לָךְ.

We thank You, O Lord. You are the God of our fathers, and You are our God. O Rock of Strength, we offer thanks to You for all Your blessings: We thank You for our lives, for Your never-failing kindness, and for Your wondrous deeds—morning, noon, and night.

We will praise Your name forever.

וְעַל כֻּלָּם יִתְבָּרַךְ וְיִתְרוֹמַם שִׁמְךָ מַלְכֵּנוּ תָּמִיד לְעוֹלָם וָעֶד. וּכְתוֹב לְחַיִּים טוֹבִים כָּל בְּנֵי בְרִיתֶךָ.

וְכֹל הַחַיִּים יוֹדוּךָ סֶּלָה, וִיהַלְלוּ אֶת שִׁמְךָ בֶּאֱמֶת, הָאֵל יְשׁוּעָתֵנוּ וְעֶזְרָתֵנוּ סֶלָה. בָּרוּךְ אַתָּה יְיָ, הַטּוֹב שִׁמְךָ וּלְךָ נָאֶה לְהוֹדוֹת.

בִּרְכַּת הַכֹּהֲנִים
The Priestly Blessing

אֱלֹהֵינוּ וֵאלֹהֵי אֲבוֹתֵינוּ, בָּרְכֵנוּ בַבְּרָכָה הַמְשֻׁלֶּשֶׁת בַּתּוֹרָה הַכְּתוּבָה עַל יְדֵי מֹשֶׁה עַבְדֶּךָ, הָאֲמוּרָה מִפִּי אַהֲרֹן וּבָנָיו כֹּהֲנִים, עַם קְדוֹשֶׁךָ, כָּאָמוּר:

CONGREGATION RESPONDS:

יְבָרֶכְךָ יְיָ וְיִשְׁמְרֶךָ.   כֵּן יְהִי רָצוֹן.
יָאֵר יְיָ פָּנָיו אֵלֶיךָ וִיחֻנֶּךָּ.   כֵּן יְהִי רָצוֹן.
יִשָּׂא יְיָ פָּנָיו אֵלֶיךָ וְיָשֵׂם לְךָ שָׁלוֹם.   כֵּן יְהִי רָצוֹן.

Our God and God of our fathers, bless us with the Torah's threefold blessing:

> The Lord bless you and guard you.
> The Lord cause His light to shine upon you
>   and be gracious unto you.
> The Lord look with favor upon you and grant you peace.

שִׂים שָׁלוֹם
We Pray for Peace

שִׂים שָׁלוֹם, טוֹבָה וּבְרָכָה, חֵן וָחֶסֶד וְרַחֲמִים, עָלֵינוּ וְעַל כָּל יִשְׂרָאֵל עַמֶּךָ. בָּרְכֵנוּ אָבִינוּ, כֻּלָּנוּ כְּאֶחָד, בְּאוֹר פָּנֶיךָ. כִּי בְאוֹר פָּנֶיךָ נָתַתָּ לָּנוּ, יְיָ אֱלֹהֵינוּ, תּוֹרַת חַיִּים וְאַהֲבַת חֶסֶד, וּצְדָקָה וּבְרָכָה וְרַחֲמִים, וְחַיִּים וְשָׁלוֹם. וְטוֹב בְּעֵינֶיךָ לְבָרֵךְ אֶת עַמְּךָ יִשְׂרָאֵל בְּכָל עֵת וּבְכָל שָׁעָה בִּשְׁלוֹמֶךָ.

בְּסֵפֶר חַיִּים, בְּרָכָה וְשָׁלוֹם וּפַרְנָסָה טוֹבָה, נִזָּכֵר וְנִכָּתֵב לְפָנֶיךָ, אֲנַחְנוּ וְכָל עַמְּךָ בֵּית יִשְׂרָאֵל, לְחַיִּים טוֹבִים וּלְשָׁלוֹם. בָּרוּךְ אַתָּה יְיָ, עוֹשֵׂה הַשָּׁלוֹם.

Work Toward Peace

AN EXPLANATORY READING

We have been taught by our sages
That to have peace we must not only want it but work for it.
>As it is written:
>"Be a disciple of Aaron,
>Who loved peace and pursued it."
When we live peacefully with others,
Our influence extends far beyond us,
>Like ripples in a calm lake,
>Like the fragrance of a garden rose.
As a new year opens,
Let us seek and work for peace.
>Let us seek it in our homes
>And work for it with our neighbors.
May the new year bring peace into the world
And harmony into our lives.

הַיּוֹם תְּאַמְּצֵנוּ

CONGREGATION:	READER:
אָמֵן.	הַיּוֹם תְּאַמְּצֵנוּ
אָמֵן.	הַיּוֹם תְּבָרְכֵנוּ
אָמֵן.	הַיּוֹם תְּגַדְּלֵנוּ
אָמֵן.	הַיּוֹם תִּדְרְשֵׁנוּ לְטוֹבָה

MUSAF SERVICE

הַיּוֹם תְּכְתְּבֵנוּ לְחַיִּים טוֹבִים אָמֵן.
הַיּוֹם תְּקַבֵּל בְּרַחֲמִים וּבְרָצוֹן אֶת תְּפִלָּתֵנוּ אָמֵן.
הַיּוֹם תִּשְׁמַע שַׁוְעָתֵנוּ אָמֵן.
הַיּוֹם תִּתְמְכֵנוּ בִּימִין צִדְקֶךָ אָמֵן.

This Day

Give us strength,
And bless us this day;
Bring joy into our lives,
And remember us for good this day.

Answer our prayers,
And protect us this day;
Guard our going out
And our coming in this day.

Provide for our needs,
And care for us like a father this day;
Show us Your love,
And judge us not harshly this day.

Be gentle with us,
And forgive us this day;
Light up our way,
And draw us near to You this day.

READER'S KADDISH MAY BE FOUND ON PAGE 42

Closing Hymns

אֵין כֵּאלֹהֵינוּ

אֵין כֵּאלֹהֵינוּ / אֵין כַּאדוֹנֵינוּ
אֵין כְּמַלְכֵּנוּ / אֵין כְּמוֹשִׁיעֵנוּ.
מִי כֵאלֹהֵינוּ / מִי כַאדוֹנֵינוּ
מִי כְמַלְכֵּנוּ / מִי כְמוֹשִׁיעֵנוּ.
נוֹדֶה לֵאלֹהֵינוּ / נוֹדֶה לַאדוֹנֵינוּ
נוֹדֶה לְמַלְכֵּנוּ / נוֹדֶה לְמוֹשִׁיעֵנוּ.
בָּרוּךְ אֱלֹהֵינוּ / בָּרוּךְ אֲדוֹנֵינוּ
בָּרוּךְ מַלְכֵּנוּ / בָּרוּךְ מוֹשִׁיעֵנוּ.
אַתָּה הוּא אֱלֹהֵינוּ / אַתָּה הוּא אֲדוֹנֵינוּ
אַתָּה הוּא מַלְכֵּנוּ / אַתָּה הוּא מוֹשִׁיעֵנוּ.
אַתָּה הוּא שֶׁהִקְטִירוּ אֲבוֹתֵינוּ לְפָנֶיךָ אֶת קְטֹרֶת הַסַּמִּים.

עָלֵינוּ

עָלֵינוּ לְשַׁבֵּחַ לַאֲדוֹן הַכֹּל, לָתֵת גְּדֻלָּה לְיוֹצֵר בְּרֵאשִׁית, שֶׁלֹּא עָשָׂנוּ כְּגוֹיֵי הָאֲרָצוֹת, וְלֹא שָׂמָנוּ כְּמִשְׁפְּחוֹת הָאֲדָמָה, שֶׁלֹּא שָׂם חֶלְקֵנוּ כָּהֶם, וְגוֹרָלֵנוּ כְּכָל הֲמוֹנָם. וַאֲנַחְנוּ כּוֹרְעִים וּמִשְׁתַּחֲוִים וּמוֹדִים לִפְנֵי מֶלֶךְ מַלְכֵי הַמְּלָכִים, הַקָּדוֹשׁ בָּרוּךְ הוּא.

MUSAF SERVICE

שֶׁהוּא נוֹטֶה שָׁמַיִם וְיוֹסֵד אָרֶץ, וּמוֹשַׁב יְקָרוֹ בַּשָּׁמַיִם מִמַּעַל וּשְׁכִינַת עֻזּוֹ בְּגָבְהֵי מְרוֹמִים. הוּא אֱלֹהֵינוּ אֵין עוֹד. אֱמֶת מַלְכֵּנוּ, אֶפֶס זוּלָתוֹ, כַּכָּתוּב בְּתוֹרָתוֹ: וְיָדַעְתָּ הַיּוֹם וַהֲשֵׁבֹתָ אֶל לְבָבֶךָ, כִּי יְיָ הוּא הָאֱלֹהִים בַּשָּׁמַיִם מִמַּעַל וְעַל הָאָרֶץ מִתָּחַת, אֵין עוֹד.

We have a duty to praise the Lord, Creator of the universe. He has honored us more than all other people on earth by giving us the Torah and its commandments. We bow down before Him and acclaim Him, for He is Ruler over all, the Holy One, praised be He.

עַל כֵּן נְקַוֶּה לְךָ יְיָ אֱלֹהֵינוּ, לִרְאוֹת מְהֵרָה בְּתִפְאֶרֶת עֻזֶּךָ, לְהַעֲבִיר גִּלּוּלִים מִן הָאָרֶץ, וְהָאֱלִילִים כָּרוֹת יִכָּרֵתוּן. לְתַקֵּן עוֹלָם בְּמַלְכוּת שַׁדַּי, וְכָל בְּנֵי בָשָׂר יִקְרְאוּ בִשְׁמֶךָ, לְהַפְנוֹת אֵלֶיךָ כָּל רִשְׁעֵי אָרֶץ, יַכִּירוּ וְיֵדְעוּ כָּל יוֹשְׁבֵי תֵבֵל, כִּי לְךָ תִּכְרַע כָּל בֶּרֶךְ, תִּשָּׁבַע כָּל לָשׁוֹן. לְפָנֶיךָ יְיָ אֱלֹהֵינוּ יִכְרְעוּ וְיִפֹּלוּ, וְלִכְבוֹד שִׁמְךָ יְקָר יִתֵּנוּ. וִיקַבְּלוּ כֻלָּם אֶת עֹל מַלְכוּתֶךָ, וְתִמְלֹךְ עֲלֵיהֶם מְהֵרָה לְעוֹלָם וָעֶד. כִּי הַמַּלְכוּת שֶׁלְּךָ הִיא, וּלְעוֹלְמֵי עַד תִּמְלוֹךְ בְּכָבוֹד. כַּכָּתוּב בְּתוֹרָתֶךָ: יְיָ יִמְלֹךְ לְעֹלָם וָעֶד.

ALL JOIN IN CHANTING:

וְנֶאֱמַר: וְהָיָה יְיָ לְמֶלֶךְ עַל כָּל הָאָרֶץ,
בַּיּוֹם הַהוּא יִהְיֶה יְיָ אֶחָד וּשְׁמוֹ אֶחָד.

We pray the day will soon come when men cast aside their false beliefs and put their faith in God alone; when the earth becomes a place where God's laws of righteousness and justice rule; and when all men accept God as their father and act as brothers toward one another. As it is written: "A time will come when the Lord is recognized as King over all the earth; on that day the Lord will be one and His name one."

FOR MOURNER'S KADDISH SEE PAGE 191

אֲדוֹן עוֹלָם

אֲדוֹן עוֹלָם אֲשֶׁר מָלַךְ / בְּטֶרֶם כָּל יְצִיר נִבְרָא,
לְעֵת נַעֲשָׂה בְחֶפְצוֹ כֹּל / אֲזַי מֶלֶךְ שְׁמוֹ נִקְרָא.

וְאַחֲרֵי כִּכְלוֹת הַכֹּל / לְבַדּוֹ יִמְלֹךְ נוֹרָא,
וְהוּא הָיָה וְהוּא הֹוֶה / וְהוּא יִהְיֶה בְּתִפְאָרָה.

וְהוּא אֶחָד וְאֵין שֵׁנִי / לְהַמְשִׁיל לוֹ לְהַחְבִּירָה,
בְּלִי רֵאשִׁית בְּלִי תַכְלִית / וְלוֹ הָעֹז וְהַמִּשְׂרָה.

וְהוּא אֵלִי וְחַי גֹּאֲלִי / וְצוּר חֶבְלִי בְּעֵת צָרָה,
וְהוּא נִסִּי וּמָנוֹס לִי / מְנָת כּוֹסִי בְּיוֹם אֶקְרָא.

בְּיָדוֹ אַפְקִיד רוּחִי / בְּעֵת אִישַׁן וְאָעִירָה,
וְעִם רוּחִי גְּוִיָּתִי / יְיָ לִי וְלֹא אִירָא.

Closing Prayer

Lord of the universe, as we prepare to leave Your House, watch over us with Your tender care. Guard us from evil deeds and evil doers, and fulfill the desires of our hearts for good.
A fresh year opens in our lives today. Grant, O God, that this be a year of blessing for us, for our people, and for all mankind. Amen.

Rosh Hashanah Greetings

TO MALE(S): לְשָׁנָה טוֹבָה תִּכָּתֵב (תִּכָּתֵבוּ)

TO FEMALE(S): לְשָׁנָה טוֹבָה תִּכָּתֵבִי (תִּכָּתַבְנָה)

May you be inscribed for a happy new year!

SERVICES FOR YOM KIPPUR

Yom Kippur is the only day of the year when the Tallit is worn in the evening.

Blessing for Putting on the Tallit

בָּרוּךְ אַתָּה יְיָ, אֱלֹהֵֽינוּ מֶֽלֶךְ הָעוֹלָם, אֲשֶׁר קִדְּשָֽׁנוּ בְּמִצְוֹתָיו
וְצִוָּֽנוּ לְהִתְעַטֵּף בַּצִּיצִת.

We praise You, O Lord our God, Ruler of the universe, who has made us holy through His commandments and has directed us to wrap ourselves in a Tallit.

עַרְבִית לְיוֹם כִּפּוּר

Evening Service for Yom Kippur

Opening Prayer

As darkness gathers and the holiest day of the year begins, we think about the way we lead our lives.
> None of us is perfect. Even the worthiest person occasionally does wrong. How grateful we are, therefore, for this day and for the new chance it gives us.

The gates to God's forgiveness are open to us. Through prayer and an honest desire to improve our ways, we may enter them.
> The Lord is merciful. In His great mercy, He will pardon the sins we have committed against Him. May He also soften the hearts of all the people we have wronged, so that they, too, will forgive us.

With the new year, a fresh page opens in the book of our lives. On it, we may write a finer and nobler story of ourselves.
> May this be a year of goodness, peace and blessing for us, for our country, for our people, and for all mankind.
>
> Amen.

כָּל נִדְרֵי

Kol Nidre

INTRODUCTORY MESSAGE

Kol Nidre had great meaning for our fathers. It has a deep message for us as well.

Kol Nidre recalls the men and women, who, in times of persecution, risked death to worship with their fellow Jews on this sacred evening.

It reminds us to search our hearts, examine our acts and beg God's forgiveness for our errors.

It keeps before us our duty to know and do what is right in God's eyes.

It tells us of our responsibilities to our fellow man and links us with our people the world over.

May the holiness of this evening inspire us to fulfill our duties to God and to man.

May it guide us to live uprightly the whole year through.

כָּל נִדְרֵי

וֶאֱסָרֵי, וַחֲרָמֵי, וְקוֹנָמֵי, וְכִנּוּיֵי, וְקִנּוּסֵי, וּשְׁבוּעוֹת, דִּנְדַֽרְנָא
וּדְאִשְׁתַּבַּֽעְנָא, וּדְאַחֲרִֽמְנָא וְדִאֲסַֽרְנָא עַל נַפְשָׁתָֽנָא, מִיּוֹם
כִּפֻּרִים זֶה עַד יוֹם כִּפֻּרִים הַבָּא עָלֵֽינוּ לְטוֹבָה, כֻּלְּהוֹן
אִחֲרַֽטְנָא בְהוֹן, כֻּלְּהוֹן יְהוֹן שָׁרָן. שְׁבִיקִין, שְׁבִיתִין, בְּטֵלִין
וּמְבֻטָּלִין, לָא שְׁרִירִין וְלָא קַיָּמִין. נִדְרָֽנָא לָא נִדְרֵי, וֶאֱסָרָֽנָא
לָא אֱסָרֵי, וּשְׁבוּעָתָֽנָא לָא שְׁבוּעוֹת.

בָּרוּךְ אַתָּה יְיָ, אֱלֹהֵינוּ מֶלֶךְ הָעוֹלָם, שֶׁהֶחֱיָנוּ וְקִיְּמָנוּ וְהִגִּיעָנוּ לַזְּמַן הַזֶּה.

We praise You, O Lord our God, Ruler of the universe, for blessing us with life and health and making it possible for us to observe this day.

Our Promises

A COMMENT ON "KOL NIDRE"

A promise is sacred. When we break our word, people lose confidence in us, and we lose respect for ourselves.
Kol Nidre reminds us of the promises we have failed to keep. It calls upon us to take our promises seriously.

The Words We Utter

A PRAYER SUGGESTED BY "KOL NIDRE"

On this holiest of all evenings of the year, we remember the Torah's teaching: "Guard the expression of your lips."
    Words are more than combinations of letters or sounds.
    They are more than an exercise for our lips and tongue.
Words tell others what we are really like.
    Once they leave our mouths, they cannot be recalled.
    Like arrows, they may wound and hurt.
But words also can be healing; they can bring comfort and cheer.
    Our words must therefore be chosen with caution.
This day we seek forgiveness for the unkind, hurtful things we said during the past year.
    And we pray that God will be our constant help as we try to guard our words in the year ahead.

בָּרְכוּ

The Call to Worship

CONGREGATION RISES

READER:

בָּרְכוּ אֶת יְיָ הַמְבֹרָךְ.

CONGREGATION AND THEN READER:

בָּרוּךְ יְיָ הַמְבֹרָךְ לְעוֹלָם וָעֶד.

CONGREGATION IS SEATED

בָּרוּךְ אַתָּה יְיָ, אֱלֹהֵינוּ מֶלֶךְ הָעוֹלָם, אֲשֶׁר בִּדְבָרוֹ מַעֲרִיב עֲרָבִים, בְּחָכְמָה פּוֹתֵחַ שְׁעָרִים, וּבִתְבוּנָה מְשַׁנֶּה עִתִּים, וּמַחֲלִיף אֶת הַזְּמַנִּים, וּמְסַדֵּר אֶת הַכּוֹכָבִים בְּמִשְׁמְרוֹתֵיהֶם בָּרָקִיעַ כִּרְצוֹנוֹ. בּוֹרֵא יוֹם וָלָיְלָה, גּוֹלֵל אוֹר מִפְּנֵי חֹשֶׁךְ וְחֹשֶׁךְ מִפְּנֵי אוֹר, וּמַעֲבִיר יוֹם וּמֵבִיא לָיְלָה, וּמַבְדִּיל בֵּין יוֹם וּבֵין לָיְלָה, יְיָ צְבָאוֹת שְׁמוֹ. אֵל חַי וְקַיָּם, תָּמִיד יִמְלוֹךְ עָלֵינוּ, לְעוֹלָם וָעֶד. בָּרוּךְ אַתָּה יְיָ, הַמַּעֲרִיב עֲרָבִים.

God in Nature

We praise You, O Lord our God, Ruler of the universe, for the miracle of day and night. In Your wisdom, You planned the changes of time and the seasons. Each dawn the gates of the heavens open to welcome a new day, and every evening the stars take the places to which You assigned them.

O God, Creator of day and night, You roll away the light before the darkness and the darkness before the light. You are the Lord of all.

Living, eternal God, as You have brought order into nature, so may You bring order into our lives. We praise You, O Lord, for bringing on the evening twilight.

אַהֲבַת עוֹלָם

אַהֲבַת עוֹלָם בֵּית יִשְׂרָאֵל עַמְּךָ אָהָבְתָּ. תּוֹרָה וּמִצְוֹת, חֻקִּים וּמִשְׁפָּטִים, אוֹתָנוּ לִמַּדְתָּ. עַל כֵּן, יְיָ אֱלֹהֵינוּ, בְּשָׁכְבֵנוּ וּבְקוּמֵנוּ נָשִׂיחַ בְּחֻקֶּיךָ, וְנִשְׂמַח בְּדִבְרֵי תוֹרָתְךָ וּבְמִצְוֹתֶיךָ לְעוֹלָם וָעֶד. כִּי הֵם חַיֵּינוּ וְאֹרֶךְ יָמֵינוּ, וּבָהֶם נֶהְגֶּה יוֹמָם וָלָיְלָה. וְאַהֲבָתְךָ אַל תָּסִיר מִמֶּנּוּ לְעוֹלָמִים. בָּרוּךְ אַתָּה יְיָ, אוֹהֵב עַמּוֹ יִשְׂרָאֵל.

God in Our People's History

Lord, You have loved Your people, the House of Israel, with an everlasting love.
You have therefore given us the Torah, with its commandments and laws. We meditate on these teachings when we lie down and when we rise up. We study them and find delight in them day and night.
They are our life.
Lord, we are grateful for Your love.
We pray it will never leave us.

שְׁמַע יִשְׂרָאֵל

Our Declaration of Faith

DEUTERONOMY 6:4–9

שְׁמַע יִשְׂרָאֵל, יְהוָֹה אֱלֹהֵינוּ, יְהוָֹה אֶחָד.

Hear, O Israel, the Lord our God, the Lord is One.

בָּרוּךְ שֵׁם כְּבוֹד מַלְכוּתוֹ לְעוֹלָם וָעֶד.

Praised be His glorious name forever.

וְאָהַבְתָּ אֵת יְהוָֹה אֱלֹהֶיךָ בְּכָל לְבָבְךָ וּבְכָל נַפְשְׁךָ וּבְכָל מְאֹדֶךָ. וְהָיוּ הַדְּבָרִים הָאֵלֶּה, אֲשֶׁר אָנֹכִי מְצַוְּךָ הַיּוֹם, עַל לְבָבֶךָ. וְשִׁנַּנְתָּם לְבָנֶיךָ וְדִבַּרְתָּ בָּם, בְּשִׁבְתְּךָ בְּבֵיתֶךָ, וּבְלֶכְתְּךָ בַדֶּרֶךְ, וּבְשָׁכְבְּךָ וּבְקוּמֶךָ. וּקְשַׁרְתָּם לְאוֹת עַל יָדֶךָ, וְהָיוּ לְטֹטָפֹת בֵּין עֵינֶיךָ. וּכְתַבְתָּם עַל מְזֻזוֹת בֵּיתֶךָ וּבִשְׁעָרֶיךָ.

You shall love the Lord, your God, with all your heart, with all your soul, and with all your might. And these words which I command you this day shall ever be in your heart. Teach them diligently to your children. Speak of them when you are at home and when you are away, when you lie down to sleep and when you rise. Wear them as a sign upon your hand and place them as a reminder between your eyes. Write them upon the doorposts of your house and upon your gates.

DEUTERONOMY 11:13–21

וְהָיָה אִם שָׁמֹעַ תִּשְׁמְעוּ אֶל מִצְוֹתַי אֲשֶׁר אָנֹכִי מְצַוֶּה אֶתְכֶם הַיּוֹם, לְאַהֲבָה אֶת יְהוָֹה אֱלֹהֵיכֶם וּלְעָבְדוֹ בְּכָל לְבַבְכֶם וּבְכָל נַפְשְׁכֶם, וְנָתַתִּי מְטַר אַרְצְכֶם בְּעִתּוֹ יוֹרֶה וּמַלְקוֹשׁ,

וְאָסַפְתָּ דְגָנֶךָ וְתִירשְׁךָ וְיִצְהָרֶךָ. וְנָתַתִּי עֵשֶׂב בְּשָׂדְךָ לִבְהֶמְתֶּךָ
וְאָכַלְתָּ וְשָׂבָעְתָּ. הִשָּׁמְרוּ לָכֶם פֶּן יִפְתֶּה לְבַבְכֶם וְסַרְתֶּם
וַעֲבַדְתֶּם אֱלֹהִים אֲחֵרִים וְהִשְׁתַּחֲוִיתֶם לָהֶם. וְחָרָה אַף יְהוָֹה
בָּכֶם, וְעָצַר אֶת הַשָּׁמַיִם וְלֹא יִהְיֶה מָטָר, וְהָאֲדָמָה לֹא תִתֵּן
אֶת יְבוּלָהּ. וַאֲבַדְתֶּם מְהֵרָה מֵעַל הָאָרֶץ הַטֹּבָה אֲשֶׁר יְהוָֹה
נֹתֵן לָכֶם. וְשַׂמְתֶּם אֶת דְּבָרַי אֵלֶּה עַל לְבַבְכֶם וְעַל נַפְשְׁכֶם,
וּקְשַׁרְתֶּם אֹתָם לְאוֹת עַל יֶדְכֶם וְהָיוּ לְטוֹטָפֹת בֵּין עֵינֵיכֶם.
וְלִמַּדְתֶּם אֹתָם אֶת בְּנֵיכֶם לְדַבֵּר בָּם, בְּשִׁבְתְּךָ בְּבֵיתֶךָ
וּבְלֶכְתְּךָ בַדֶּרֶךְ וּבְשָׁכְבְּךָ וּבְקוּמֶךָ. וּכְתַבְתָּם עַל מְזוּזוֹת
בֵּיתֶךָ וּבִשְׁעָרֶיךָ.

לְמַעַן יִרְבּוּ יְמֵיכֶם וִימֵי בְנֵיכֶם, עַל הָאֲדָמָה אֲשֶׁר נִשְׁבַּע
יְהוָֹה לַאֲבֹתֵיכֶם לָתֵת לָהֶם, כִּימֵי הַשָּׁמַיִם עַל הָאָרֶץ.

NUMBERS 15:37–41

וַיֹּאמֶר יְהוָֹה אֶל מֹשֶׁה לֵּאמֹר: דַּבֵּר אֶל בְּנֵי יִשְׂרָאֵל וְאָמַרְתָּ
אֲלֵהֶם, וְעָשׂוּ לָהֶם צִיצִת עַל כַּנְפֵי בִגְדֵיהֶם לְדֹרֹתָם, וְנָתְנוּ
עַל צִיצִת הַכָּנָף פְּתִיל תְּכֵלֶת. וְהָיָה לָכֶם לְצִיצִת, וּרְאִיתֶם
אֹתוֹ וּזְכַרְתֶּם אֶת כָּל מִצְוֹת יְהוָֹה, וַעֲשִׂיתֶם אֹתָם, וְלֹא תָתוּרוּ
אַחֲרֵי לְבַבְכֶם וְאַחֲרֵי עֵינֵיכֶם, אֲשֶׁר אַתֶּם זֹנִים אַחֲרֵיהֶם.
לְמַעַן תִּזְכְּרוּ וַעֲשִׂיתֶם אֶת כָּל מִצְוֹתָי, וִהְיִיתֶם קְדֹשִׁים
לֵאלֹהֵיכֶם. אֲנִי יְהוָֹה אֱלֹהֵיכֶם, אֲשֶׁר הוֹצֵאתִי אֶתְכֶם מֵאֶרֶץ
מִצְרַיִם לִהְיוֹת לָכֶם לֵאלֹהִים, אֲנִי יְהוָֹה אֱלֹהֵיכֶם —

אֱמֶת

And the Lord spoke to Moses, saying: Speak to the children of Israel and tell them that they, and all the generations after them, shall make fringes on the corners of their garments. Let them add to the fringe of each corner a thread of blue, for the fringes are to be a sign. When you look upon them, you will remember the Lord's commandments and will keep them, and you will not allow the temptations of your heart and eyes to mislead you.

Thus, will you be reminded to carry out My commandments and to be holy to your God. I am the Lord your God who brought you out of the land of Egypt to be your God. I am the Lord your God.

וֶאֱמוּנָה כָּל זֹאת וְקַיָּם עָלֵינוּ, כִּי הוּא יְיָ אֱלֹהֵינוּ וְאֵין זוּלָתוֹ, וַאֲנַחְנוּ יִשְׂרָאֵל עַמּוֹ.
הַפּוֹדֵנוּ מִיַּד מְלָכִים, מַלְכֵּנוּ הַגּוֹאֲלֵנוּ מִכַּף כָּל הֶעָרִיצִים.
הָאֵל הַנִּפְרָע לָנוּ מִצָּרֵינוּ, וְהַמְשַׁלֵּם גְּמוּל לְכָל אוֹיְבֵי נַפְשֵׁנוּ.
הָעֹשֶׂה גְדֹלוֹת עַד אֵין חֵקֶר וְנִפְלָאוֹת עַד אֵין מִסְפָּר. הַשָּׂם נַפְשֵׁנוּ בַּחַיִּים, וְלֹא נָתַן לַמּוֹט רַגְלֵנוּ. הַמַּדְרִיכֵנוּ עַל בָּמוֹת אוֹיְבֵינוּ, וַיָּרֶם קַרְנֵנוּ עַל כָּל שֹׂנְאֵינוּ. הָעֹשֶׂה לָּנוּ נִסִּים וּנְקָמָה בְּפַרְעֹה, אוֹתוֹת וּמוֹפְתִים בְּאַדְמַת בְּנֵי חָם.

מִי־כָמֹכָה בָּאֵלִים יְיָ, מִי כָּמֹכָה נֶאְדָּר בַּקֹּדֶשׁ, נוֹרָא תְהִלֹּת עֹשֵׂה פֶלֶא. מַלְכוּתְךָ רָאוּ בָנֶיךָ, בּוֹקֵעַ יָם לִפְנֵי מֹשֶׁה, זֶה אֵלִי עָנוּ וְאָמְרוּ:

יְיָ יִמְלֹךְ לְעֹלָם וָעֶד.

וְנֶאֱמַר, כִּי פָדָה יְיָ אֶת יַעֲקֹב, וּגְאָלוֹ מִיַּד חָזָק מִמֶּנּוּ.
בָּרוּךְ אַתָּה יְיָ, גָּאַל יִשְׂרָאֵל.

We know this to be the truth:
There is but one God.
    He is the Lord,
    And we are His people.

He has performed great wonders for us
In every age and every generation.
    It is He who saved us from wicked rulers,
    And it is He who rescued us from tyrants.

He kept us alive through many troubled times
And did not allow our feet to stumble.
    He brought us forth mightily from Egypt,
    From slavery to a life of freedom.

When the children of Israel saw His wonders at the sea,
They offered thanks to Him in these words:
    "Who can compare to You in might, O God?
    Who can compare to You in holiness
    And perform the wondrous deeds You do?"

"This is my God," they proclaimed.
"And He will rule forever."

הַשְׁכִּיבֵֽנוּ

הַשְׁכִּיבֵֽנוּ יְיָ אֱלֹהֵֽינוּ לְשָׁלוֹם, וְהַעֲמִידֵֽנוּ מַלְכֵּֽנוּ לְחַיִּים. וּפְרוֹשׂ עָלֵֽינוּ סֻכַּת שְׁלוֹמֶֽךָ, וְתַקְּנֵֽנוּ בְּעֵצָה טוֹבָה מִלְּפָנֶֽיךָ, וְהוֹשִׁיעֵֽנוּ לְמַֽעַן שְׁמֶֽךָ. וְהָגֵן בַּעֲדֵֽנוּ, וְהָסֵר מֵעָלֵֽינוּ אוֹיֵב דֶּֽבֶר וְחֶֽרֶב וְרָעָב וְיָגוֹן. וְהָסֵר שָׂטָן מִלְּפָנֵֽינוּ וּמֵאַחֲרֵֽינוּ, וּבְצֵל כְּנָפֶֽיךָ תַּסְתִּירֵֽנוּ, כִּי אֵל שׁוֹמְרֵֽנוּ וּמַצִּילֵֽנוּ אָֽתָּה, כִּי אֵל מֶֽלֶךְ חַנּוּן וְרַחוּם אָֽתָּה. וּשְׁמוֹר צֵאתֵֽנוּ וּבוֹאֵֽנוּ לְחַיִּים וּלְשָׁלוֹם, מֵעַתָּה וְעַד עוֹלָם. וּפְרוֹשׂ עָלֵֽינוּ סֻכַּת שְׁלוֹמֶֽךָ. בָּרוּךְ אַתָּה יְיָ, הַפּוֹרֵשׂ סֻכַּת שָׁלוֹם עָלֵֽינוּ וְעַל כָּל עַמּוֹ יִשְׂרָאֵל, וְעַל יְרוּשָׁלָֽיִם.

Lord, our God,
Keep us safe when we lie down to sleep,
And wake us in the morning to life.
Spread over us Your loving peace.
Keep from us sickness, war, hunger and sorrow.
Be with us when we go forth,
And watch over us when we return.
We praise You, O Lord, now and ever more. For You spread Your peace over us, over our people, and over Jerusalem.

ON THE SABBATH ADD:
EXODUS 31:16–17

וְשָׁמְרוּ בְנֵי יִשְׂרָאֵל אֶת הַשַּׁבָּת, לַעֲשׂוֹת אֶת הַשַּׁבָּת לְדֹרֹתָם בְּרִית עוֹלָם. בֵּינִי וּבֵין בְּנֵי יִשְׂרָאֵל אוֹת הִיא לְעֹלָם. כִּי שֵֽׁשֶׁת יָמִים עָשָׂה יְיָ אֶת הַשָּׁמַֽיִם וְאֶת הָאָֽרֶץ, וּבַיּוֹם הַשְּׁבִיעִי שָׁבַת וַיִּנָּפַשׁ.

The children of Israel shall keep the Sabbath. They shall observe it for all time as a sign of their eternal bond with Me. For in six days the Lord made heaven and earth, and on the seventh He ceased and rested.

LEVITICUS 16:30

כִּי בַיּוֹם הַזֶּה יְכַפֵּר עֲלֵיכֶם, לְטַהֵר אֶתְכֶם מִכֹּל חַטֹּאתֵיכֶם,
לִפְנֵי יְיָ תִּטְהָרוּ.

On this day the Lord will forgive you and purify you of all your sins, so you may be pure before Him.

חֲצִי קַדִּישׁ

Reader's Kaddish

יִתְגַּדַּל וְיִתְקַדַּשׁ שְׁמֵהּ רַבָּא. בְּעָלְמָא דִּי בְרָא כִרְעוּתֵהּ
וְיַמְלִיךְ מַלְכוּתֵהּ, בְּחַיֵּיכוֹן וּבְיוֹמֵיכוֹן וּבְחַיֵּי דְכָל בֵּית יִשְׂרָאֵל,
בַּעֲגָלָא וּבִזְמַן קָרִיב, וְאִמְרוּ אָמֵן.

CONGREGATION AND READER RESPOND:

יְהֵא שְׁמֵהּ רַבָּא מְבָרַךְ לְעָלַם וּלְעָלְמֵי עָלְמַיָּא.

READER:

יִתְבָּרַךְ וְיִשְׁתַּבַּח, וְיִתְפָּאַר וְיִתְרוֹמַם, וְיִתְנַשֵּׂא וְיִתְהַדַּר,
וְיִתְעַלֶּה וְיִתְהַלַּל שְׁמֵהּ דְּקֻדְשָׁא—

CONGREGATION AND READER RESPOND:

בְּרִיךְ הוּא.

לְעֵלָּא וּלְעֵלָּא מִן כָּל בִּרְכָתָא וְשִׁירָתָא, תֻּשְׁבְּחָתָא וְנֶחֱמָתָא,
דַּאֲמִירָן בְּעָלְמָא, וְאִמְרוּ אָמֵן.

עֲמִידָה

The Amidah

We praise God, the God of our fathers. He has been our shield since the days of Abraham. In His mercy, He grants us life and strength.

בָּרוּךְ אַתָּה יְיָ, אֱלֹהֵינוּ וֵאלֹהֵי אֲבוֹתֵינוּ, אֱלֹהֵי אַבְרָהָם אֱלֹהֵי יִצְחָק וֵאלֹהֵי יַעֲקֹב. הָאֵל הַגָּדוֹל הַגִּבּוֹר וְהַנּוֹרָא, אֵל עֶלְיוֹן, גּוֹמֵל חֲסָדִים טוֹבִים, וְקוֹנֵה הַכֹּל, וְזוֹכֵר חַסְדֵי אָבוֹת, וּמֵבִיא גוֹאֵל לִבְנֵי בְנֵיהֶם לְמַעַן שְׁמוֹ בְּאַהֲבָה.

זָכְרֵנוּ לְחַיִּים, מֶלֶךְ חָפֵץ בַּחַיִּים, וְכָתְבֵנוּ בְּסֵפֶר הַחַיִּים, לְמַעַנְךָ אֱלֹהִים חַיִּים.

מֶלֶךְ עוֹזֵר וּמוֹשִׁיעַ וּמָגֵן. בָּרוּךְ אַתָּה יְיָ, מָגֵן אַבְרָהָם.

אַתָּה גִּבּוֹר לְעוֹלָם, יְיָ. מְחַיֵּה מֵתִים אַתָּה, רַב לְהוֹשִׁיעַ.

מְכַלְכֵּל חַיִּים בְּחֶסֶד, מְחַיֵּה מֵתִים בְּרַחֲמִים רַבִּים. סוֹמֵךְ נוֹפְלִים, וְרוֹפֵא חוֹלִים, וּמַתִּיר אֲסוּרִים. וּמְקַיֵּם אֱמוּנָתוֹ לִישֵׁנֵי עָפָר. מִי כָמוֹךָ בַּעַל גְּבוּרוֹת, וּמִי דוֹמֶה לָּךְ. מֶלֶךְ מֵמִית וּמְחַיֶּה, וּמַצְמִיחַ יְשׁוּעָה.

מִי כָמוֹךָ אַב הָרַחֲמִים, זוֹכֵר יְצוּרָיו לְחַיִּים בְּרַחֲמִים.

וְנֶאֱמָן אַתָּה לְהַחֲיוֹת מֵתִים. בָּרוּךְ אַתָּה יְיָ, מְחַיֵּה הַמֵּתִים.

God, Our Father and Friend

A MEDITATION

God is our Father, Friend and Protector.
When we turn to Him, He hears our prayers and answers them.
He answers them in His own time and in His own ways.
We do not always understand God's answers. But we know God
  hears us and loves us.

How to Serve God

A MEDITATION

We must serve God with our whole being:
With our eyes, admire His wonders;
With our ears, listen to His words;
With our feet, walk in His ways;
With our mouths, sing His praise;
With our hands, do His will;
With our minds, think thoughts that bring us near to Him;
And with our hearts, love Him and all He created.

וּבְכֵן

Let all nations form a fellowship of justice and peace.

וּבְכֵן תֵּן פַּחְדְּךָ, יְיָ אֱלֹהֵינוּ, עַל כָּל מַעֲשֶׂיךָ, וְאֵימָתְךָ עַל כָּל מַה שֶּׁבָּרָאתָ, וְיִירָאוּךָ כָּל הַמַּעֲשִׂים וְיִשְׁתַּחֲווּ לְפָנֶיךָ כָּל הַבְּרוּאִים, וְיֵעָשׂוּ כֻלָּם אֲגֻדָּה אַחַת לַעֲשׂוֹת רְצוֹנְךָ בְּלֵבָב שָׁלֵם. כְּמוֹ שֶׁיָּדַעְנוּ, יְיָ אֱלֹהֵינוּ, שֶׁהַשָּׁלְטָן לְפָנֶיךָ, עֹז בְּיָדְךָ וּגְבוּרָה בִּימִינֶךָ, וְשִׁמְךָ נוֹרָא עַל כָּל מַה שֶּׁבָּרָאתָ.

May honor and glory be our people's lot.

וּבְכֵן תֵּן כָּבוֹד, יְיָ, לְעַמֶּךָ, תְּהִלָּה לִירֵאֶיךָ וְתִקְוָה טוֹבָה לְדוֹרְשֶׁיךָ וּפִתְחוֹן פֶּה לַמְיַחֲלִים לָךְ. שִׂמְחָה לְאַרְצֶךָ וְשָׂשׂוֹן לְעִירֶךָ וּצְמִיחַת קֶרֶן לְדָוִד עַבְדֶּךָ, וַעֲרִיכַת נֵר לְבֶן־יִשַׁי מְשִׁיחֶךָ, בִּמְהֵרָה בְיָמֵינוּ.

We pray for the day when all wickedness will cease.

וּבְכֵן צַדִּיקִים יִרְאוּ וְיִשְׂמָחוּ, וִישָׁרִים יַעֲלֹזוּ, וַחֲסִידִים בְּרִנָּה יָגִילוּ. וְעוֹלָתָה תִּקְפָּץ־פִּיהָ, וְכָל הָרִשְׁעָה כֻּלָּהּ כְּעָשָׁן תִּכְלֶה, כִּי תַעֲבִיר מֶמְשֶׁלֶת זָדוֹן מִן הָאָרֶץ.

קָדוֹשׁ אַתָּה וְנוֹרָא שְׁמֶךָ וְאֵין אֱלוֹהַּ מִבַּלְעָדֶיךָ, כַּכָּתוּב: וַיִּגְבַּהּ יְיָ צְבָאוֹת בַּמִּשְׁפָּט וְהָאֵל הַקָּדוֹשׁ נִקְדַּשׁ בִּצְדָקָה. בָּרוּךְ אַתָּה יְיָ, הַמֶּלֶךְ הַקָּדוֹשׁ.

O God, teach all men to respect and obey Your will and to walk in Your ways. Help all the nations of the world to unite and work together for peace and brotherhood.
Help us to understand that each man is his brother's keeper. Free us from greed and selfishness, and teach us to share our blessings with others.
Guardian of Israel, be our people's strength and protector, and bring joy to the land of Israel.
Speed the time when wickedness will cease, and evil will be no more.

A Year of Growth

A MEDITATION

Let us think of the ways we have grown this year:
Have we grown in wisdom this year? Are we using our knowledge for good purposes?
Have we grown in loving kindness this year? Do we show greater consideration, friendliness, helpfulness toward others?
Have we grown in character this year? Have we had the courage to do what was right? Did we accept our responsibilities as often as we should have?
Every day of our lives there are opportunities to grow — to act wisely, to show understanding, to be just and fair.
Let us think of the ways we can grow this year.

אַתָּה בְחַרְתָּנוּ

God has brought us near to Him.

אַתָּה בְחַרְתָּנוּ מִכָּל הָעַמִּים, אָהַבְתָּ אוֹתָנוּ וְרָצִיתָ בָּנוּ. וְרוֹמַמְתָּנוּ מִכָּל הַלְּשׁוֹנוֹת, וְקִדַּשְׁתָּנוּ בְּמִצְוֹתֶיךָ, וְקֵרַבְתָּנוּ מַלְכֵּנוּ לַעֲבוֹדָתֶךָ, וְשִׁמְךָ הַגָּדוֹל וְהַקָּדוֹשׁ עָלֵינוּ קָרָאתָ.

ON THE SABBATH ADD THE WORDS IN BRACKETS:

וַתִּתֶּן לָנוּ יְיָ אֱלֹהֵינוּ בְּאַהֲבָה אֶת יוֹם [הַשַּׁבָּת הַזֶּה לִקְדֻשָּׁה וְלִמְנוּחָה, וְאֶת יוֹם] הַכִּפּוּרִים הַזֶּה לִמְחִילָה וְלִסְלִיחָה וּלְכַפָּרָה, וְלִמְחָל־בּוֹ אֶת כָּל עֲוֹנוֹתֵינוּ, [בְּאַהֲבָה] מִקְרָא קֹדֶשׁ, זֵכֶר לִיצִיאַת מִצְרָיִם.

EVENING SERVICE

יַעֲלֶה וְיָבֹא

God remembers His people Israel this day.

אֱלֹהֵינוּ וֵאלֹהֵי אֲבוֹתֵינוּ, יַעֲלֶה וְיָבֹא, וְיַגִּיעַ וְיֵרָאֶה, וְיֵרָצֶה
וְיִשָּׁמַע, וְיִפָּקֵד וְיִזָּכֵר זִכְרוֹנֵנוּ וּפִקְדוֹנֵנוּ, וְזִכְרוֹן אֲבוֹתֵינוּ,
וְזִכְרוֹן מָשִׁיחַ בֶּן דָּוִד עַבְדֶּךָ, וְזִכְרוֹן יְרוּשָׁלַיִם עִיר קָדְשֶׁךָ,
וְזִכְרוֹן כָּל עַמְּךָ בֵּית יִשְׂרָאֵל לְפָנֶיךָ, לִפְלֵיטָה וּלְטוֹבָה, לְחֵן
וּלְחֶסֶד וּלְרַחֲמִים, לְחַיִּים וּלְשָׁלוֹם, בְּיוֹם הַכִּפּוּרִים הַזֶּה.
זָכְרֵנוּ, יְיָ אֱלֹהֵינוּ, בּוֹ לְטוֹבָה, וּפָקְדֵנוּ בוֹ לִבְרָכָה, וְהוֹשִׁיעֵנוּ
בוֹ לְחַיִּים. וּבִדְבַר יְשׁוּעָה וְרַחֲמִים חוּס וְחָנֵּנוּ, וְרַחֵם עָלֵינוּ
וְהוֹשִׁיעֵנוּ, כִּי אֵלֶיךָ עֵינֵינוּ, כִּי אֵל מֶלֶךְ חַנּוּן וְרַחוּם אָתָּה.

ON SABBATH ADD THE WORDS IN BRACKETS:

אֱלֹהֵינוּ וֵאלֹהֵי אֲבוֹתֵינוּ [רְצֵה בִמְנוּחָתֵנוּ],
קַדְּשֵׁנוּ בְּמִצְוֹתֶיךָ וְתֵן חֶלְקֵנוּ בְּתוֹרָתֶךָ,
שַׂבְּעֵנוּ מִטּוּבֶךָ וְשַׂמְּחֵנוּ בִּישׁוּעָתֶךָ.

[וְהַנְחִילֵנוּ, יְיָ אֱלֹהֵינוּ, בְּאַהֲבָה וּבְרָצוֹן שַׁבַּת קָדְשֶׁךָ,
וְיָנוּחוּ בָהּ יִשְׂרָאֵל מְקַדְּשֵׁי שְׁמֶךָ.]

וְטַהֵר לִבֵּנוּ לְעָבְדְּךָ בֶּאֱמֶת,
כִּי אַתָּה סָלְחָן לְיִשְׂרָאֵל
וּמָחֳלָן לְשִׁבְטֵי יְשֻׁרוּן בְּכָל דּוֹר וָדוֹר,
וּמִבַּלְעָדֶיךָ אֵין לָנוּ מֶלֶךְ מוֹחֵל וְסוֹלֵחַ אֶלָּא אָתָּה.

בָּרוּךְ אַתָּה יְיָ,
מֶלֶךְ מוֹחֵל וְסוֹלֵחַ לַעֲוֹנוֹתֵינוּ וְלַעֲוֹנוֹת עַמּוֹ בֵּית יִשְׂרָאֵל,
וּמַעֲבִיר אַשְׁמוֹתֵינוּ בְּכָל שָׁנָה וְשָׁנָה,
מֶלֶךְ עַל כָּל הָאָרֶץ,
מְקַדֵּשׁ [הַשַּׁבָּת וְ]יִשְׂרָאֵל וְיוֹם הַכִּפֻּרִים.

Seek God

A READING

Let us seek God and come to know Him
By the many ways in which He reveals Himself:

In the spring that follows winter,
The light that follows darkness,
And the joy that follows sorrow.

In the deep, gentle love of our parents,
The thoughtful words of our teachers,
And the warm smile of a friend.

In kind and generous deeds,
Noble and righteous thoughts,
And the voice of our conscience deep inside us.

In the holy passages of the Torah,
The inspiring words of the Prophets,
And the wise teachings of the Rabbis.

Let us seek God and come to know Him,
That we may sing His praise forever.

Beginning with Ourselves

A MEDITATION

We blame others for their failures,
   But do we always admit our own?
We are displeased when people are not courteous to us,
   But do we always speak kindly or politely?
We insist that others be patient with us,
   But are we always considerate?
We condemn others for not being honest,
   But do we always tell the truth?
We are quick to point out the mistakes of others,
   But do we always act correctly?
We ask God to do our bidding,
   But do we always carry out His will?
We expect our people to accept and love us,
   But are we always loyal to our people's ways?
O God, help us change this world for the better,
And teach us to begin with ourselves.

May God look with favor upon us.

רְצֵה, יְיָ אֱלֹהֵינוּ, בְּעַמְּךָ יִשְׂרָאֵל וּבִתְפִלָּתָם. וְהָשֵׁב אֶת הָעֲבוֹדָה לִדְבִיר בֵּיתֶךָ, וְאִשֵּׁי יִשְׂרָאֵל וּתְפִלָּתָם בְּאַהֲבָה תְקַבֵּל בְּרָצוֹן, וּתְהִי לְרָצוֹן תָּמִיד עֲבוֹדַת יִשְׂרָאֵל עַמֶּךָ.

May we behold the return of God's glory to Zion.

וְתֶחֱזֶינָה עֵינֵינוּ בְּשׁוּבְךָ לְצִיּוֹן בְּרַחֲמִים. בָּרוּךְ אַתָּה יְיָ, הַמַּחֲזִיר שְׁכִינָתוֹ לְצִיּוֹן.

YOM KIPPUR

מוֹדִים

A Prayer of Gratitude to God

מוֹדִים אֲנַחְנוּ לָךְ, שָׁאַתָּה הוּא יְיָ אֱלֹהֵינוּ וֵאלֹהֵי אֲבוֹתֵינוּ
לְעוֹלָם וָעֶד. צוּר חַיֵּינוּ, מָגֵן יִשְׁעֵנוּ אַתָּה הוּא. לְדוֹר וָדוֹר
נוֹדֶה לְּךָ וּנְסַפֵּר תְּהִלָּתֶךָ, עַל חַיֵּינוּ הַמְּסוּרִים בְּיָדֶךָ, וְעַל
נִשְׁמוֹתֵינוּ הַפְּקוּדוֹת לָךְ, וְעַל נִסֶּיךָ שֶׁבְּכָל יוֹם עִמָּנוּ, וְעַל
נִפְלְאוֹתֶיךָ וְטוֹבוֹתֶיךָ שֶׁבְּכָל עֵת, עֶרֶב וָבֹקֶר וְצָהֳרָיִם.
הַטּוֹב כִּי לֹא כָלוּ רַחֲמֶיךָ, וְהַמְרַחֵם כִּי לֹא תַמּוּ חֲסָדֶיךָ,
מֵעוֹלָם קִוִּינוּ לָךְ.

We thank You, O Lord. You are the God of our fathers, and You are our God. O Rock of Strength, we offer thanks to You for all Your blessings: We thank You for our lives, for Your never-failing kindness, and for Your wondrous deeds—morning, noon, and night.

We will praise Your name forever.

וְעַל כֻּלָּם יִתְבָּרַךְ וְיִתְרוֹמַם שִׁמְךָ מַלְכֵּנוּ תָּמִיד לְעוֹלָם וָעֶד.
וּכְתוֹב לְחַיִּים טוֹבִים כָּל בְּנֵי בְרִיתֶךָ.

וְכֹל הַחַיִּים יוֹדוּךָ סֶּלָה, וִיהַלְלוּ אֶת שִׁמְךָ בֶּאֱמֶת, הָאֵל
יְשׁוּעָתֵנוּ וְעֶזְרָתֵנוּ סֶלָה. בָּרוּךְ אַתָּה יְיָ, הַטּוֹב שִׁמְךָ וּלְךָ נָאֶה
לְהוֹדוֹת.

שָׁלוֹם רָב

A Prayer for Peace

שָׁלוֹם רָב עַל יִשְׂרָאֵל עַמְּךָ תָּשִׂים לְעוֹלָם, כִּי אַתָּה הוּא מֶלֶךְ אָדוֹן לְכָל הַשָּׁלוֹם, וְטוֹב בְּעֵינֶיךָ לְבָרֵךְ אֶת עַמְּךָ יִשְׂרָאֵל בְּכָל עֵת וּבְכָל שָׁעָה בִּשְׁלוֹמֶךָ.

בְּסֵפֶר חַיִּים, בְּרָכָה וְשָׁלוֹם וּפַרְנָסָה טוֹבָה, נִזָּכֵר וְנִכָּתֵב לְפָנֶיךָ, אֲנַחְנוּ וְכָל עַמְּךָ בֵּית יִשְׂרָאֵל, לְחַיִּים טוֹבִים וּלְשָׁלוֹם. בָּרוּךְ אַתָּה יְיָ, עוֹשֵׂה הַשָּׁלוֹם.

The Way to Peace

AN INTERPRETIVE READING

Loving Father, from whom all blessings flow, grant us and all mankind Your gift of peace;
The peace that comes when men work together to end hunger, fear, and need;
The peace that comes when we obey Your laws;
The peace that comes when we remember that we are all Your children, created in Your image.
O God, show us and our leaders the way to peace. Teach us how to unite to end misery and war and to bring harmony and brotherhood to our troubled world.
May the words of the prophet speedily be fulfilled:
  "Peace, peace, to the far and the near."

Changing for the Better

A MEDITATION

What causes us to act wrongly?
There is no single answer. It may be the example set by others. Perhaps it is because we have not been taught the correct way to lead our lives. Thoughtlessness may be the reason. Or it may be for reasons completely outside our control.

But why we behave wrongly is not nearly as important as what we do to correct our ways. And this holy day teaches us what we must do.

We must admit we have done wrong. We must show how deeply sorry we are for our mistakes. We must promise, in the presence of God, to change for the better. And at the very first chance, we must, by our actions, prove that we are sincere.

God is a loving Father. He will help us correct our ways if we truly want His help.

יַעֲלֶה

From evening to evening of this holiest of all days,
we avow our faith in God's nearness.

יַעֲלֶה תַּחֲנוּנֵנוּ מֵעֶרֶב,
וְיָבֹא שַׁוְעָתֵנוּ מִבֹּקֶר,
וְיֵרָאֶה רִנּוּנֵנוּ עַד עָרֶב.

יַעֲלֶה קוֹלֵנוּ מֵעֶרֶב,
וְיָבֹא צִדְקָתֵנוּ מִבֹּקֶר,
וְיֵרָאֶה פִּדְיוֹנֵנוּ עַד עָרֶב.

יַעֲלֶה עִנּוּיֵנוּ מֵעֶרֶב,
וְיָבֹא סְלִיחָתֵנוּ מִבֹּקֶר,
וְיֵרָאֶה נַאֲקָתֵנוּ עַד עָרֶב.

יַעֲלֶה מְנוּסֵנוּ מֵעֶרֶב,
וְיָבֹא לְמַעֲנוֹ מִבֹּקֶר,
וְיֵרָאֶה כִּפּוּרֵנוּ עַד עָרֶב.

יַעֲלֶה יִשְׁעֵנוּ מֵעֶרֶב,
וְיָבֹא טָהֳרֵנוּ מִבֹּקֶר,
וְיֵרָאֶה חִנּוּנֵנוּ עַד עָרֶב.

יַעֲלֶה זִכְרוֹנֵנוּ מֵעֶרֶב,
וְיָבֹא וִעוּדֵנוּ מִבֹּקֶר,
וְיֵרָאֶה הַדְרָתֵנוּ עַד עָרֶב.

יַעֲלֶה דָּפְקֵנוּ מֵעֶרֶב,
וְיָבֹא גִּילֵנוּ מִבֹּקֶר,
וְיֵרָאֶה בַּקָּשָׁתֵנוּ עַד עָרֶב.

יַעֲלֶה אֶנְקָתֵנוּ מֵעֶרֶב,
וְיָבֹא אֵלֶיךָ מִבֹּקֶר,
וְיֵרָאֶה אֵלֵינוּ עַד עָרֶב.

A READING BASED ON "YA'ALEH"

Our evening prayer, O Lord, ascends
With this, our vow, to make amends.
Accept our prayer before Yom Kippur ends.
Our evening plea, O Lord, ascends
With this, our vow, to make amends.
Grant our petition before Yom Kippur ends.
Our evening call, O Lord, ascends
With this, our vow, to make amends.
Show us Your love before Yom Kippur ends.
Our evening song, O Lord, ascends
With this, our vow, to make amends.
Fill us with joy before Yom Kippur ends.
Our evening cry, O Lord, ascends
With this, our vow, to make amends.
O bring us peace before Yom Kippur ends.

כִּי הִנֵּה כַּחֹמֶר

A hymn drawing upon various handicrafts
to describe man's relation to God.

כִּי הִנֵּה כַּחֹמֶר בְּיַד הַיּוֹצֵר, בִּרְצוֹתוֹ מַרְחִיב וּבִרְצוֹתוֹ מְקַצֵּר,
כֵּן אֲנַחְנוּ בְּיָדְךָ חֶסֶד נוֹצֵר, לַבְּרִית הַבֵּט וְאַל תֵּפֶן לַיֵּצֶר.

כִּי הִנֵּה כַּגַּרְזֶן בְּיַד הֶחָרָשׁ, בִּרְצוֹתוֹ דִּבֵּק לָאוֹר וּבִרְצוֹתוֹ
פֵּרַשׁ, כֵּן אֲנַחְנוּ בְּיָדְךָ תּוֹמֵךְ עָנִי וָרָשׁ, לַבְּרִית הַבֵּט וְאַל
תֵּפֶן לַיֵּצֶר.

כִּי הִנֵּה כַּזְּכוּכִית בְּיַד הַמְזַגֵּג, בִּרְצוֹתוֹ חוֹגֵג וּבִרְצוֹתוֹ מְמוֹגֵג, כֵּן אֲנַחְנוּ בְּיָדְךָ מַעֲבִיר זָדוֹן וְשׁוֹגֵג, לַבְּרִית הַבֵּט וְאַל תֵּפֶן לַיֵּצֶר.

כִּי הִנֵּה כַּכֶּסֶף בְּיַד הַצּוֹרֵף, בִּרְצוֹתוֹ מְסַגְסֵג וּבִרְצוֹתוֹ מְצָרֵף, כֵּן אֲנַחְנוּ בְּיָדְךָ מַמְצִיא לְמָזוֹר תֶּרֶף, לַבְּרִית הַבֵּט וְאַל תֵּפֶן לַיֵּצֶר.

In Your Care, O God

Like clay in the hands of a potter,
So are we in Your care, O God.
> Mold us, Lord,
> And shape us to do Your will.

Like iron in the hands of a metalworker,
So are we in Your care, O God.
> Refine us, Lord,
> And cast us to do Your will.

Like glass in the hands of a blower,
So are we in Your care, O God.
> Form us, Lord,
> And bend us to do Your will.

Like silver in the hands of a silversmith,
So are we in Your care, O God.
> Cleanse us, Lord,
> And purify us to do Your will.

Forgive us, O our Father, for we have sinned.

סְלַח לָנוּ אָבִינוּ כִּי חָטָאנוּ, מְחַל לָנוּ מַלְכֵּנוּ כִּי פָשָׁעְנוּ. כִּי אַתָּה, אֲדֹנָי, טוֹב וְסַלָּח וְרַב חֶסֶד לְכָל קוֹרְאֶיךָ.

YOM KIPPUR

שְׁמַע קוֹלֵֽנוּ

Hear Us, O Lord

שְׁמַע קוֹלֵֽנוּ, יְיָ אֱלֹהֵֽינוּ, חוּס וְרַחֵם עָלֵֽינוּ, וְקַבֵּל בְּרַחֲמִים וּבְרָצוֹן אֶת תְּפִלָּתֵֽנוּ.
הֲשִׁיבֵֽנוּ יְיָ אֵלֶֽיךָ וְנָשֽׁוּבָה, חַדֵּשׁ יָמֵֽינוּ כְּקֶֽדֶם.
אַל תַּשְׁלִיכֵֽנוּ מִלְּפָנֶֽיךָ, וְרֽוּחַ קָדְשְׁךָ אַל תִּקַּח מִמֶּֽנּוּ.

Hear us, O Lord our God,
As we raise our voices to You.
Favor us with Your loving kindness,
And answer our prayers for the new year.

May this be a year without sorrow and illness,
A year without pain and discomfort,
A year without fear and disappointment,
A year without war and violence,
A year without hunger and homelessness,
A year of joy and blessing,
A year of peace for all mankind. Amen.

כִּי אָֽנוּ עַמֶּֽךָ

We Are Your People

אֱלֹהֵֽינוּ וֵאלֹהֵי אֲבוֹתֵֽינוּ, סְלַח לָֽנוּ, מְחַל לָֽנוּ, כַּפֶּר לָֽנוּ.
כִּי אָֽנוּ עַמֶּֽךָ, וְאַתָּה אֱלֹהֵֽינוּ / אָֽנוּ בָנֶֽיךָ, וְאַתָּה אָבִֽינוּ.
אָֽנוּ עֲבָדֶֽיךָ, וְאַתָּה אֲדוֹנֵֽנוּ / אָֽנוּ קְהָלֶֽךָ, וְאַתָּה חֶלְקֵֽנוּ.
אָֽנוּ נַחֲלָתֶֽךָ, וְאַתָּה גוֹרָלֵֽנוּ / אָֽנוּ צֹאנֶֽךָ, וְאַתָּה רוֹעֵֽנוּ.
אָֽנוּ כַרְמֶֽךָ, וְאַתָּה נוֹטְרֵֽנוּ / אָֽנוּ פְעֻלָּתֶֽךָ, וְאַתָּה יוֹצְרֵֽנוּ.

אָנוּ רַעְיָתֶךָ, וְאַתָּה דוֹדֵנוּ / אָנוּ סְגֻלָּתֶךָ, וְאַתָּה קְרוֹבֵנוּ.
אָנוּ עַמֶּךָ, וְאַתָּה מַלְכֵּנוּ / אָנוּ מַאֲמִירֶיךָ, וְאַתָּה מַאֲמִירֵנוּ.

We are Your people
> And You our God.

We are Your followers
> And You our Leader.

We are Your flock
> And You our Shepherd.

We are Your vineyard
> And You our Keeper.

We are Your children
> And You our Father.

We are Your pupils
> And You our Teacher.

We are Your loved ones
> And You our everlasting Friend.

וִדּוּי

The Confessional

We confess our sins and seek to be at-one with God.

אָשַׁמְנוּ, בָּגַדְנוּ, גָּזַלְנוּ, דִּבַּרְנוּ דֹפִי, הֶעֱוִינוּ, וְהִרְשַׁעְנוּ, זַדְנוּ, חָמַסְנוּ, טָפַלְנוּ שֶׁקֶר, יָעַצְנוּ רָע, כִּזַּבְנוּ, לַצְנוּ, מָרַדְנוּ, נִאַצְנוּ, סָרַרְנוּ, עָוִינוּ, פָּשַׁעְנוּ, צָרַרְנוּ, קִשִּׁינוּ עֹרֶף, רָשַׁעְנוּ, שִׁחַתְנוּ, תִּעַבְנוּ, תָּעִינוּ, תִּעְתָּעְנוּ.

AN INTERPRETIVE READING

We have sinned.
We have turned away from the Torah's teachings.
We have taken what did not belong to us.
We have spoken untruths.
We have been spiteful.
We have gossipped.
We have encouraged others to do wrong.
We have been light-hearted when we should have been serious.
We have turned against those whom we should have trusted and honored.
We have said "no" when we should have said "yes."
We have failed to assist those in need of our help.
We have shown anger when we did not have our way.
We have treated others with disrespect.
We have strayed from the path of goodness.

As we stand before God, seeking His forgiveness, let us pray that we change for the better. Let us aim to be what God wants us to be, so that our thoughts and deeds may bring honor to Him and to ourselves.

עַל חֵטְא

עַל חֵטְא שֶׁחָטָאנוּ לְפָנֶיךָ בְּאֹנֶס וּבְרָצוֹן.
וְעַל חֵטְא שֶׁחָטָאנוּ לְפָנֶיךָ בְּאִמּוּץ הַלֵּב.

עַל חֵטְא שֶׁחָטָאנוּ לְפָנֶיךָ בִּבְלִי דָעַת.
וְעַל חֵטְא שֶׁחָטָאנוּ לְפָנֶיךָ בְּבִטּוּי שְׂפָתָיִם.

EVENING SERVICE

עַל חֵטְא שֶׁחָטָאנוּ לְפָנֶיךָ בְּדַעַת וּבְמִרְמָה.
וְעַל חֵטְא שֶׁחָטָאנוּ לְפָנֶיךָ בְּדִבּוּר פֶּה.

וְעַל כֻּלָּם, אֱלוֹהַּ סְלִיחוֹת, סְלַח לָנוּ, מְחַל לָנוּ, כַּפֶּר לָנוּ.

עַל חֵטְא שֶׁחָטָאנוּ לְפָנֶיךָ בְּכַחַשׁ וּבְכָזָב.
וְעַל חֵטְא שֶׁחָטָאנוּ לְפָנֶיךָ בְּכַפַּת שֹׁחַד.

עַל חֵטְא שֶׁחָטָאנוּ לְפָנֶיךָ בְּלָצוֹן.
וְעַל חֵטְא שֶׁחָטָאנוּ לְפָנֶיךָ בְּלָשׁוֹן הָרָע.

עַל חֵטְא שֶׁחָטָאנוּ לְפָנֶיךָ בְּעֵינַיִם רָמוֹת.
וְעַל חֵטְא שֶׁחָטָאנוּ לְפָנֶיךָ בְּעַזּוּת מֶצַח.

וְעַל כֻּלָּם, אֱלוֹהַּ סְלִיחוֹת, סְלַח לָנוּ, מְחַל לָנוּ, כַּפֶּר לָנוּ.

A Confession

INSPIRED BY "AL ḤET"

For the sins we commit with our lips—
When we lie,
And when we gossip,
For the sins we commit with our hearts—
When we are selfish
And when we are cruel.
For all these, O forgiving God, forgive us, pardon us,
grant us atonement.

For the sins we commit with our hands—
When we take what is not ours
And we destroy things ruthlessly.
For the sins we commit with our ears—
When we close them
And we hear only what we wish to hear.
For all these, O forgiving God, forgive us, pardon us,
grant us atonement.

OMIT ON SABBATH

ALL JOIN IN CHANTING:

אָבִינוּ מַלְכֵּנוּ, חָנֵּנוּ וַעֲנֵנוּ, כִּי אֵין בָּנוּ מַעֲשִׂים.
עֲשֵׂה עִמָּנוּ צְדָקָה וָחֶסֶד וְהוֹשִׁיעֵנוּ.

Our Father, our King, be gracious to us and answer us.

READER'S KADDISH MAY BE FOUND ON PAGE 187

עָלֵינוּ

עָלֵינוּ לְשַׁבֵּחַ לַאֲדוֹן הַכֹּל, לָתֵת גְּדֻלָּה לְיוֹצֵר בְּרֵאשִׁית,
שֶׁלֹּא עָשָׂנוּ כְּגוֹיֵי הָאֲרָצוֹת, וְלֹא שָׂמָנוּ כְּמִשְׁפְּחוֹת הָאֲדָמָה,
שֶׁלֹּא שָׂם חֶלְקֵנוּ כָּהֶם, וְגוֹרָלֵנוּ כְּכָל הֲמוֹנָם.
וַאֲנַחְנוּ כּוֹרְעִים וּמִשְׁתַּחֲוִים וּמוֹדִים לִפְנֵי מֶלֶךְ מַלְכֵי
הַמְּלָכִים, הַקָּדוֹשׁ בָּרוּךְ הוּא.
שֶׁהוּא נוֹטֶה שָׁמַיִם וְיוֹסֵד אָרֶץ, וּמוֹשַׁב יְקָרוֹ בַּשָּׁמַיִם מִמַּעַל
וּשְׁכִינַת עֻזּוֹ בְּגָבְהֵי מְרוֹמִים. הוּא אֱלֹהֵינוּ אֵין עוֹד.

EVENING SERVICE

אֱמֶת מַלְכֵּנוּ, אֶפֶס זוּלָתוֹ, כַּכָּתוּב בְּתוֹרָתוֹ: וְיָדַעְתָּ הַיּוֹם וַהֲשֵׁבֹתָ אֶל לְבָבֶךָ, כִּי יְיָ הוּא הָאֱלֹהִים בַּשָּׁמַיִם מִמַּעַל וְעַל הָאָרֶץ מִתָּחַת, אֵין עוֹד.

We have a duty to praise the Lord, Creator of the universe. He has honored us more than all other people on earth by giving us the Torah and its commandments. We bow down before Him and acclaim Him, for He is Ruler over all, the Holy One, praised be He.

We pray the day will soon come when men cast aside their false beliefs and put their faith in God alone; when the earth becomes a place where God's laws of righteousness and justice rule; and when all men accept God as their father and act as brothers toward one another. As it is written: "A time will come when the Lord is recognized as King over all the earth; on that day the Lord will be one and His name one."

ALL JOIN IN CHANTING:

וְנֶאֱמַר: וְהָיָה יְיָ לְמֶלֶךְ עַל כָּל הָאָרֶץ, בַּיּוֹם הַהוּא יִהְיֶה יְיָ אֶחָד וּשְׁמוֹ אֶחָד.

FOR MOURNER'S KADDISH SEE PAGE 191

The Lord Is My Light

BASED ON PSALM 27

A Psalm of David.

*The Lord is my light and my hope.
Whom need I fear?*

> *The Lord is my stronghold.
> Of whom shall I be afraid?*

*Though an enemy surround me,
My heart will not lose courage.*

> *Should evil times befall me,
> Hope will not leave me.*

*In times of peril and fear
God is my trusted shield.*

> *May I dwell in the house of the Lord
> And be comforted by His presence.*

יִגְדַּל

A Hymn about God Who Is One and Eternal

יִגְדַּל אֱלֹהִים חַי וְיִשְׁתַּבַּח / נִמְצָא וְאֵין עֵת אֶל מְצִיאוּתוֹ.
אֶחָד וְאֵין יָחִיד כְּיִחוּדוֹ / נֶעְלָם וְגַם אֵין סוֹף לְאַחְדּוּתוֹ.
אֵין לוֹ דְּמוּת הַגּוּף וְאֵינוֹ גוּף / לֹא נַעֲרֹךְ אֵלָיו קְדֻשָּׁתוֹ.
קַדְמוֹן לְכָל דָּבָר אֲשֶׁר נִבְרָא / רִאשׁוֹן וְאֵין רֵאשִׁית לְרֵאשִׁיתוֹ.
הִנּוֹ אֲדוֹן עוֹלָם לְכָל נוֹצָר / יוֹרֶה גְדֻלָּתוֹ וּמַלְכוּתוֹ.
שֶׁפַע נְבוּאָתוֹ נְתָנוֹ / אֶל אַנְשֵׁי סְגֻלָּתוֹ וְתִפְאַרְתּוֹ.
לֹא קָם בְּיִשְׂרָאֵל כְּמֹשֶׁה עוֹד / נָבִיא וּמַבִּיט אֶת תְּמוּנָתוֹ.
תּוֹרַת אֱמֶת נָתַן לְעַמּוֹ אֵל / עַל יַד נְבִיאוֹ נֶאֱמַן בֵּיתוֹ.
לֹא יַחֲלִיף הָאֵל וְלֹא יָמִיר דָּתוֹ / לְעוֹלָמִים לְזוּלָתוֹ.
צוֹפֶה וְיוֹדֵעַ סְתָרֵינוּ / מַבִּיט לְסוֹף דָּבָר בְּקַדְמָתוֹ.
גּוֹמֵל לְאִישׁ חֶסֶד כְּמִפְעָלוֹ / נוֹתֵן לְרָשָׁע רָע כְּרִשְׁעָתוֹ.
יִשְׁלַח לְקֵץ יָמִים מְשִׁיחֵנוּ / לִפְדּוֹת מְחַכֵּי קֵץ יְשׁוּעָתוֹ.
מֵתִים יְחַיֶּה אֵל בְּרֹב חַסְדּוֹ / בָּרוּךְ עֲדֵי עַד שֵׁם תְּהִלָּתוֹ.

שַׁחֲרִית לְיוֹם כִּפּוּר

Morning Service for Yom Kippur

THR PRELIMINARY PRAYERS ARE THE SAME AS ON PAGES 14–30

עֲמִידָה
The Amidah

We praise God, the God of our fathers. He has been our shield since the days of Abraham. In His mercy, He grants us life and strength.

בָּרוּךְ אַתָּה יְיָ, אֱלֹהֵינוּ וֵאלֹהֵי אֲבוֹתֵינוּ, אֱלֹהֵי אַבְרָהָם אֱלֹהֵי יִצְחָק וֵאלֹהֵי יַעֲקֹב. הָאֵל הַגָּדוֹל הַגִּבּוֹר וְהַנּוֹרָא, אֵל עֶלְיוֹן, גּוֹמֵל חֲסָדִים טוֹבִים, וְקוֹנֵה הַכֹּל, וְזוֹכֵר חַסְדֵי אָבוֹת, וּמֵבִיא גוֹאֵל לִבְנֵי בְנֵיהֶם לְמַעַן שְׁמוֹ בְּאַהֲבָה.

זָכְרֵנוּ לְחַיִּים, מֶלֶךְ חָפֵץ בַּחַיִּים, וְכָתְבֵנוּ בְּסֵפֶר הַחַיִּים, לְמַעַנְךָ אֱלֹהִים חַיִּים.

מֶלֶךְ עוֹזֵר וּמוֹשִׁיעַ וּמָגֵן. בָּרוּךְ אַתָּה יְיָ, מָגֵן אַבְרָהָם.

אַתָּה גִּבּוֹר לְעוֹלָם, יְיָ. מְחַיֵּה מֵתִים אַתָּה, רַב לְהוֹשִׁיעַ.

מְכַלְכֵּל חַיִּים בְּחֶסֶד, מְחַיֵּה מֵתִים בְּרַחֲמִים רַבִּים. סוֹמֵךְ נוֹפְלִים, וְרוֹפֵא חוֹלִים, וּמַתִּיר אֲסוּרִים. וּמְקַיֵּם אֱמוּנָתוֹ לִישֵׁנֵי עָפָר. מִי כָמְוֹךָ בַּעַל גְּבוּרוֹת, וּמִי דוֹמֶה לָּךְ. מֶלֶךְ מֵמִית וּמְחַיֶּה, וּמַצְמִיחַ יְשׁוּעָה.

מִי כָמְוֹךָ אַב הָרַחֲמִים, זוֹכֵר יְצוּרָיו לְחַיִּים בְּרַחֲמִים.

וְנֶאֱמָן אַתָּה לְהַחֲיוֹת מֵתִים. בָּרוּךְ אַתָּה יְיָ, מְחַיֵּה הַמֵּתִים.

יִמְלֹךְ יְיָ לְעוֹלָם, אֱלֹהַיִךְ צִיּוֹן לְדֹר וָדֹר הַלְלוּיָהּ.
וְאַתָּה קָדוֹשׁ, יוֹשֵׁב תְּהִלּוֹת יִשְׂרָאֵל, אֵל נָא.

אַתָּה הוּא אֱלֹהֵינוּ

A Hymn Celebrating God's Power and Majesty

אַתָּה הוּא אֱלֹהֵינוּ
בַּשָּׁמַיִם וּבָאָרֶץ / גִּבּוֹר וְנַעֲרָץ.
דָּגוּל מֵרְבָבָה / הוּא שָׂח וַיֶּהִי.
וְצִוָּה וְנִבְרָאוּ / זִכְרוֹ לָנֶצַח.
חַי עוֹלָמִים / טְהוֹר עֵינַיִם.
יוֹשֵׁב סֵתֶר / כִּתְרוֹ יְשׁוּעָה.
לְבוּשׁוֹ צְדָקָה / מַעֲטֵהוּ קִנְאָה.
נֶאְפַּד נְקָמָה / סִתְרוֹ יֹשֶׁר.

עֲצָתוֹ אֱמוּנָה / פְּעֻלָּתוֹ אֱמֶת.
צַדִּיק וְיָשָׁר / קָרוֹב לְקוֹרְאָיו בֶּאֱמֶת.
רָם וּמִתְנַשֵּׂא / שׁוֹכֵן שְׁחָקִים.

תֹּלֶה אֶרֶץ עַל בְּלִימָה. חַי וְקַיָּם נוֹרָא וּמָרוֹם וְקָדוֹשׁ.

AN INTERPRETIVE MEDITATION

You are our God,
    And there is none like You.
Your glory reaches to the farthest ends of the world,
    Yet You are near to all who call upon You.
Countless numbers inhabit this earth,
    Yet each is important to You.
You desire peace and harmony among men,
    Yet You want us to make war on wickedness.
You command us to obey Your teachings,
    Yet You are ready to forgive us when we transgress them.
You have the power to do good for man,
    Yet You encourage him to help himself.
You are God,
    Holy, kind and almighty.

MORNING SERVICE

לְאֵל עוֹרֵךְ דִּין

The Ways in Which God Judges Us on This Day

לְאֵל עוֹרֵךְ דִּין

לְבוֹחֵן לְבָבוֹת בְּיוֹם דִּין / לְגוֹלֶה עֲמֻקּוֹת בַּדִּין.

לְדוֹבֵר מֵישָׁרִים בְּיוֹם דִּין / לְהוֹגֶה דֵעוֹת בַּדִּין.

לְוָתִיק וְעוֹשֶׂה חֶסֶד בְּיוֹם דִּין / לְזוֹכֵר בְּרִיתוֹ בַּדִּין.

לְחוֹמֵל מַעֲשָׂיו בְּיוֹם דִּין / לְטַהֵר חוֹסָיו בַּדִּין.

לְיוֹדֵעַ מַחֲשָׁבוֹת בְּיוֹם דִּין / לְכוֹבֵשׁ כַּעְסוֹ בַּדִּין.

לְלוֹבֵשׁ צְדָקוֹת בְּיוֹם דִּין / לְמוֹחֵל עֲוֹנוֹת בַּדִּין.

לְנוֹרָא תְהִלּוֹת בְּיוֹם דִּין / לְסוֹלֵחַ לַעֲמוּסָיו בַּדִּין.

לְעוֹנֶה לְקוֹרְאָיו בְּיוֹם דִּין / לְפוֹעֵל רַחֲמָיו בַּדִּין.

לְצוֹפֶה נִסְתָּרוֹת בְּיוֹם דִּין / לְקוֹנֶה עֲבָדָיו בַּדִּין.

לְרַחֵם עַמּוֹ בְּיוֹם דִּין / לְשׁוֹמֵר אוֹהֲבָיו בַּדִּין.

לְתוֹמֵךְ תְּמִימָיו בְּיוֹם דִּין.

As We Stand in Judgment

There are no secrets from God
On this day of judgment.
He knows our innermost thoughts
As we stand in judgment.
Our feelings are as an opened book
On this day of judgment.
All our deeds are on record
As we stand in judgment.

YOM KIPPUR

Still, God will not be a stern judge
On this day of judgment,
> For He loves us as a father loves his children
> As we stand in judgment.

He is ready to forgive us
On this day of judgment,
> And to show His endless mercy
> As we stand in judgment.

What is it that God asks of us
On this day of judgment?
> That we prove worthy of His mercy
> As we stand in judgment.

קְדֻשָּׁה

A Prayer Glorifying God's Holiness

נַעֲרִיצְךָ וְנַקְדִּישְׁךָ, כְּסוֹד שִׂיחַ שַׂרְפֵי קֹדֶשׁ, הַמַּקְדִּישִׁים שִׁמְךָ בַּקֹּדֶשׁ. כַּכָּתוּב עַל־יַד נְבִיאֶךָ: וְקָרָא זֶה אֶל זֶה וְאָמַר ‒

קָדוֹשׁ, קָדוֹשׁ, קָדוֹשׁ, יְיָ צְבָאוֹת.

מְלֹא כָל הָאָרֶץ כְּבוֹדוֹ.

כְּבוֹדוֹ מָלֵא עוֹלָם. מְשָׁרְתָיו שׁוֹאֲלִים זֶה לָזֶה, אַיֵּה מְקוֹם כְּבוֹדוֹ. לְעֻמָּתָם בָּרוּךְ יֹאמֵרוּ:

בָּרוּךְ כְּבוֹד יְיָ מִמְּקוֹמוֹ.

מִמְּקוֹמוֹ הוּא יִפֶן בְּרַחֲמִים, וְיָחֹן עַם הַמְיַחֲדִים שְׁמוֹ, עֶרֶב וָבֹקֶר בְּכָל יוֹם תָּמִיד, פַּעֲמַיִם בְּאַהֲבָה שְׁמַע אוֹמְרִים:

שְׁמַע יִשְׂרָאֵל, יְיָ אֱלֹהֵינוּ, יְיָ אֶחָד.

הוּא אֱלֹהֵינוּ, הוּא אָבִינוּ, הוּא מַלְכֵּנוּ, הוּא מוֹשִׁיעֵנוּ. וְהוּא יַשְׁמִיעֵנוּ בְּרַחֲמָיו שֵׁנִית לְעֵינֵי כָּל חָי, לִהְיוֹת לָכֶם לֵאלֹהִים. אֲנִי יְיָ אֱלֹהֵיכֶם.
וּבְדִבְרֵי קָדְשְׁךָ כָּתוּב לֵאמֹר:
יִמְלֹךְ יְיָ לְעוֹלָם, אֱלֹהַיִךְ צִיּוֹן לְדֹר וָדֹר, הַלְלוּיָהּ.

וּבְכֵן

Let all nations form a fellowship of justice and peace.

וּבְכֵן תֵּן פַּחְדְּךָ, יְיָ אֱלֹהֵינוּ, עַל כָּל מַעֲשֶׂיךָ, וְאֵימָתְךָ עַל כָּל מַה שֶּׁבָּרָאתָ, וְיִירָאוּךָ כָּל הַמַּעֲשִׂים וְיִשְׁתַּחֲווּ לְפָנֶיךָ כָּל הַבְּרוּאִים, וְיֵעָשׂוּ כֻלָּם אֲגֻדָּה אַחַת לַעֲשׂוֹת רְצוֹנְךָ בְּלֵבָב שָׁלֵם. כְּמוֹ שֶׁיָּדַעְנוּ, יְיָ אֱלֹהֵינוּ, שֶׁהַשָּׁלְטָן לְפָנֶיךָ, עֹז בְּיָדְךָ וּגְבוּרָה בִּימִינֶךָ, וְשִׁמְךָ נוֹרָא עַל כָּל מַה שֶּׁבָּרָאתָ.

May honor and glory be our people's lot.

וּבְכֵן תֵּן כָּבוֹד, יְיָ, לְעַמֶּךָ, תְּהִלָּה לִירֵאֶיךָ וְתִקְוָה טוֹבָה לְדוֹרְשֶׁיךָ וּפִתְחוֹן פֶּה לַמְיַחֲלִים לָךְ. שִׂמְחָה לְאַרְצֶךָ וְשָׂשׂוֹן לְעִירֶךָ וּצְמִיחַת קֶרֶן לְדָוִד עַבְדֶּךָ, וַעֲרִיכַת נֵר לְבֶן־יִשַׁי מְשִׁיחֶךָ, בִּמְהֵרָה בְיָמֵינוּ.

YOM KIPPUR

We pray for the day when all wickedness will cease.

וּבְכֵן צַדִּיקִים יִרְאוּ וְיִשְׂמָחוּ, וִישָׁרִים יַעֲלֹזוּ, וַחֲסִידִים בְּרִנָּה יָגִילוּ. וְעוֹלָתָה תִּקְפָּץ־פִּיהָ, וְכָל הָרִשְׁעָה כֻּלָּהּ כְּעָשָׁן תִּכְלֶה, כִּי תַעֲבִיר מֶמְשֶׁלֶת זָדוֹן מִן הָאָרֶץ.

קָדוֹשׁ אַתָּה וְנוֹרָא שְׁמֶךָ וְאֵין אֱלוֹהַּ מִבַּלְעָדֶיךָ, כַּכָּתוּב: וַיִּגְבַּהּ יְיָ צְבָאוֹת בַּמִּשְׁפָּט וְהָאֵל הַקָּדוֹשׁ נִקְדַּשׁ בִּצְדָקָה. בָּרוּךְ אַתָּה יְיָ, הַמֶּלֶךְ הַקָּדוֹשׁ.

O God, teach all men to respect and obey Your will and to walk in Your ways. Help all the nations of the world to unite and work together for peace and brotherhood.

Help us to understand that each man is his brother's keeper. Free us from greed and selfishness, and teach us to share our blessings with others.

Guardian of Israel, be our people's strength and protector, and bring joy to the land of Israel.

Speed the time when wickedness will cease, and evil will be no more.

אַתָּה בְחַרְתָּנוּ

God has chosen us and brought us near to Him.
The festivals are His loving gifts to us.

אַתָּה בְחַרְתָּנוּ מִכָּל הָעַמִּים, אָהַבְתָּ אוֹתָנוּ וְרָצִיתָ בָּנוּ.

וְרוֹמַמְתָּנוּ מִכָּל הַלְּשׁוֹנוֹת, וְקִדַּשְׁתָּנוּ בְּמִצְוֹתֶיךָ, וְקֵרַבְתָּנוּ מַלְכֵּנוּ לַעֲבוֹדָתֶךָ, וְשִׁמְךָ הַגָּדוֹל וְהַקָּדוֹשׁ עָלֵינוּ קָרָאתָ.

ON THE SABBATH ADD THE WORDS IN BRACKETS:

וַתִּתֶּן לָנוּ יְיָ אֱלֹהֵינוּ בְּאַהֲבָה אֶת יוֹם [הַשַּׁבָּת הַזֶּה לִקְדֻשָּׁה וְלִמְנוּחָה, וְאֶת יוֹם] הַכִּפּוּרִים הַזֶּה לִמְחִילָה וְלִסְלִיחָה וּלְכַפָּרָה, וְלִמְחָל־בּוֹ אֶת כָּל עֲוֹנוֹתֵינוּ, [בְּאַהֲבָה] מִקְרָא קֹדֶשׁ, זֵכֶר לִיצִיאַת מִצְרָיִם.

יַעֲלֶה וְיָבֹא

God remembers His people Israel this day.

אֱלֹהֵינוּ וֵאלֹהֵי אֲבוֹתֵינוּ, יַעֲלֶה וְיָבֹא וְיַגִּיעַ וְיֵרָאֶה וְיֵרָצֶה וְיִשָּׁמַע וְיִפָּקֵד וְיִזָּכֵר זִכְרוֹנֵנוּ וּפִקְדוֹנֵנוּ וְזִכְרוֹן אֲבוֹתֵינוּ, וְזִכְרוֹן מָשִׁיחַ בֶּן־דָּוִד עַבְדֶּךָ, וְזִכְרוֹן יְרוּשָׁלַיִם עִיר קָדְשֶׁךָ, וְזִכְרוֹן כָּל עַמְּךָ בֵּית יִשְׂרָאֵל לְפָנֶיךָ לִפְלֵיטָה וּלְטוֹבָה, לְחֵן וּלְחֶסֶד וּלְרַחֲמִים, לְחַיִּים וּלְשָׁלוֹם, בְּיוֹם הַכִּפּוּרִים הַזֶּה. זָכְרֵנוּ יְיָ אֱלֹהֵינוּ בּוֹ לְטוֹבָה, וּפָקְדֵנוּ בוֹ לִבְרָכָה, וְהוֹשִׁיעֵנוּ בוֹ לְחַיִּים. וּבִדְבַר יְשׁוּעָה וְרַחֲמִים חוּס וְחָנֵּנוּ, וְרַחֵם עָלֵינוּ וְהוֹשִׁיעֵנוּ, כִּי אֵלֶיךָ עֵינֵינוּ, כִּי אֵל מֶלֶךְ חַנּוּן וְרַחוּם אָתָּה.

Day of Renewal

A PRAYER IN THE SPIRIT OF THE DAY

This day, we renew our faith in God
    And in His goodness.
We renew our faith in man,
    And pray that all may live in peace and harmony.
We renew our faith in our people
    And in the Torah by which we live.
We renew our faith in our country,
    And pray that it will always remain free.
We renew our faith in ourselves,
    And pray that we may live up to the best in us.

שְׁמַע קוֹלֵנוּ

Hear Us, O Lord!

שְׁמַע קוֹלֵנוּ, יְיָ אֱלֹהֵינוּ, חוּס וְרַחֵם עָלֵינוּ, וְקַבֵּל בְּרַחֲמִים וּבְרָצוֹן אֶת תְּפִלָּתֵנוּ.
הֲשִׁיבֵנוּ יְיָ אֵלֶיךָ וְנָשׁוּבָה, חַדֵּשׁ יָמֵינוּ כְּקֶדֶם.
אַל תַּשְׁלִיכֵנוּ מִלְּפָנֶיךָ, וְרוּחַ קָדְשְׁךָ אַל תִּקַּח מִמֶּנּוּ.

Hear us, O Lord our God, as we raise our voices to You.
Favor us with Your loving kindness,
And answer our prayers for the new year.

May this be a year without sorrow and illness,
A year without pain and discomfort,
A year without fear and disappointment,
A year without war and violence,
A year without hunger and homelessness,
A year of joy and blessing,
A year of peace for all mankind. Amen.

כִּי אָנוּ עַמֶּךָ

We Are Your People

אֱלֹהֵינוּ וֵאלֹהֵי אֲבוֹתֵינוּ, סְלַח לָנוּ, מְחַל לָנוּ, כַּפֶּר לָנוּ.
כִּי אָנוּ עַמֶּךָ, וְאַתָּה אֱלֹהֵינוּ / אָנוּ בָנֶיךָ, וְאַתָּה אָבִינוּ.
אָנוּ עֲבָדֶיךָ, וְאַתָּה אֲדוֹנֵנוּ / אָנוּ קְהָלֶךָ, וְאַתָּה חֶלְקֵנוּ.
אָנוּ נַחֲלָתֶךָ, וְאַתָּה גוֹרָלֵנוּ / אָנוּ צֹאנֶךָ, וְאַתָּה רוֹעֵנוּ.
אָנוּ כַרְמֶךָ, וְאַתָּה נוֹטְרֵנוּ / אָנוּ פְעֻלָּתֶךָ, וְאַתָּה יוֹצְרֵנוּ.
אָנוּ רַעְיָתֶךָ, וְאַתָּה דוֹדֵנוּ / אָנוּ סְגֻלָּתֶךָ, וְאַתָּה קְרוֹבֵנוּ.
אָנוּ עַמֶּךָ, וְאַתָּה מַלְכֵּנוּ / אָנוּ מַאֲמִירֶיךָ, וְאַתָּה מַאֲמִירֵנוּ.

We are Your people
And You our God.
We are Your followers
And You our Leader.
We are Your flock
And You our Shepherd.

We are Your vineyard
And You our Keeper.
We are Your children
And You our Father.
We are Your pupils
And You our Teacher.

We are Your loved ones
And You our everlasting Friend.

YOM KIPPUR 124

וּבְכֵן יְהִי רָצוֹן מִלְּפָנֶיךָ, יְיָ אֱלֹהֵינוּ וֵאלֹהֵי אֲבוֹתֵינוּ, שֶׁתִּסְלַח לָנוּ עַל כָּל חַטֹּאתֵינוּ, וְתִמְחַל לָנוּ עַל כָּל עֲוֹנוֹתֵינוּ, וּתְכַפֵּר לָנוּ עַל כָּל פְּשָׁעֵינוּ.

עַל חֵטְא

We confess our sins and pray for God's forgiveness.

עַל חֵטְא שֶׁחָטָאנוּ לְפָנֶיךָ בְּאִמּוּץ הַלֵּב.
עַל חֵטְא שֶׁחָטָאנוּ לְפָנֶיךָ בְּבִטּוּי שְׂפָתָיִם.
עַל חֵטְא שֶׁחָטָאנוּ לְפָנֶיךָ בְּהוֹנָאַת רֵעַ.
עַל חֵטְא שֶׁחָטָאנוּ לְפָנֶיךָ בְּזִלְזוּל הוֹרִים וּמוֹרִים.
עַל חֵטְא שֶׁחָטָאנוּ לְפָנֶיךָ בְּלָצוֹן.
וְעַל כֻּלָּם, אֱלוֹהַּ סְלִיחוֹת, סְלַח לָנוּ, מְחַל לָנוּ, כַּפֶּר לָנוּ.

עַל חֵטְא שֶׁחָטָאנוּ לְפָנֶיךָ בְּלָשׁוֹן הָרָע.
עַל חֵטְא שֶׁחָטָאנוּ לְפָנֶיךָ בִּנְטִיַּת גָּרוֹן.
עַל חֵטְא שֶׁחָטָאנוּ לְפָנֶיךָ בִּפְרִיקַת עֹל.
עַל חֵטְא שֶׁחָטָאנוּ לְפָנֶיךָ בִּרְכִילוּת.
עַל חֵטְא שֶׁחָטָאנוּ לְפָנֶיךָ בְּשִׂנְאַת חִנָּם.
וְעַל כֻּלָּם, אֱלוֹהַּ סְלִיחוֹת, סְלַח לָנוּ מְחַל לָנוּ כַּפֶּר לָנוּ.

For the sin of closing our minds to reason,
For the sin of speaking falsely,
For the sin of deceiving those who put their trust in us,
For the sin of showing disrespect for parents and teachers,
For the sin of scoffing when we should encourage;

For all these, O forgiving God, forgive us, pardon us, grant us atonement.

For the sin of speaking ill of others,
For the sin of being arrogant,
For the sin of shirking our responsibilities,
For the sin of bearing tales,
For the sin of hating others without real cause,

For all these, O forgiving God, forgive us, pardon us, grant us atonement.

To Live Is to Strive

We must strive to achieve the best within us:

Let us strive to be righteous.
Let us strive to be understanding of those who disagree with us.
Let us strive to be upright in our actions.
Let us strive to be grateful for our blessings.
Let us strive to be truthful.
Let us strive to be faithful to the Torah's teachings.
Let us strive to be considerate of others.

God asks of us that we strive.

May God look with favor upon us.

רְצֵה, יְיָ אֱלֹהֵינוּ, בְּעַמְּךָ יִשְׂרָאֵל וּבִתְפִלָּתָם. וְהָשֵׁב אֶת
הָעֲבוֹדָה לִדְבִיר בֵּיתֶךָ, וְאִשֵּׁי יִשְׂרָאֵל וּתְפִלָּתָם בְּאַהֲבָה
תְקַבֵּל בְּרָצוֹן וּתְהִי לְרָצוֹן תָּמִיד עֲבוֹדַת יִשְׂרָאֵל עַמֶּךָ.

May we behold the return of God's glory to Zion.

וְתֶחֱזֶינָה עֵינֵינוּ בְּשׁוּבְךָ לְצִיּוֹן בְּרַחֲמִים. בָּרוּךְ אַתָּה יְיָ,
הַמַּחֲזִיר שְׁכִינָתוֹ לְצִיּוֹן.

מוֹדִים

A Prayer of Gratitude to God

מוֹדִים אֲנַחְנוּ לָךְ, שָׁאַתָּה הוּא יְיָ אֱלֹהֵינוּ וֵאלֹהֵי אֲבוֹתֵינוּ
לְעוֹלָם וָעֶד. צוּר חַיֵּינוּ, מָגֵן יִשְׁעֵנוּ אַתָּה הוּא. לְדוֹר וָדוֹר
נוֹדֶה לְּךָ וּנְסַפֵּר תְּהִלָּתֶךָ, עַל חַיֵּינוּ הַמְּסוּרִים בְּיָדֶךָ, וְעַל
נִשְׁמוֹתֵינוּ הַפְּקוּדוֹת לָךְ, וְעַל נִסֶּיךָ שֶׁבְּכָל יוֹם עִמָּנוּ, וְעַל
נִפְלְאוֹתֶיךָ וְטוֹבוֹתֶיךָ שֶׁבְּכָל עֵת, עֶרֶב וָבֹקֶר וְצָהֳרָיִם.
הַטּוֹב כִּי לֹא כָלוּ רַחֲמֶיךָ, וְהַמְרַחֵם כִּי לֹא תַמּוּ חֲסָדֶיךָ,
מֵעוֹלָם קִוִּינוּ לָךְ.

We thank You, O Lord. You are the God of our fathers, and You are our God. O Rock of Strength, we offer thanks to You for all Your blessings: We thank you for our lives, for Your never-failing kindness, and for Your wondrous deeds—morning, noon, and night.

We will praise Your name forever.

וְעַל כֻּלָּם יִתְבָּרַךְ וְיִתְרוֹמַם שִׁמְךָ מַלְכֵּנוּ תָּמִיד לְעוֹלָם וָעֶד.
וּכְתוֹב לְחַיִּים טוֹבִים כָּל בְּנֵי בְרִיתֶךָ.

וְכֹל הַחַיִּים יוֹדוּךָ סֶּלָה, וִיהַלְלוּ אֶת שִׁמְךָ בֶּאֱמֶת, הָאֵל יְשׁוּעָתֵנוּ וְעֶזְרָתֵנוּ סֶלָה. בָּרוּךְ אַתָּה יְיָ, הַטּוֹב שִׁמְךָ וּלְךָ נָאֶה לְהוֹדוֹת.

בִּרְכַּת הַכֹּהֲנִים

The Priestly Blessing

אֱלֹהֵינוּ וֵאלֹהֵי אֲבוֹתֵינוּ, בָּרְכֵנוּ בַבְּרָכָה הַמְשֻׁלֶּשֶׁת בַּתּוֹרָה הַכְּתוּבָה עַל יְדֵי מֹשֶׁה עַבְדֶּךָ, הָאֲמוּרָה מִפִּי אַהֲרֹן וּבָנָיו כֹּהֲנִים, עַם קְדוֹשֶׁךָ, כָּאָמוּר:

CONGREGATION RESPONDS:

יְבָרֶכְךָ יְיָ וְיִשְׁמְרֶךָ.   כֵּן יְהִי רָצוֹן.
יָאֵר יְיָ פָּנָיו אֵלֶיךָ וִיחֻנֶּךָּ.   כֵּן יְהִי רָצוֹן.
יִשָּׂא יְיָ פָּנָיו אֵלֶיךָ וְיָשֵׂם לְךָ שָׁלוֹם.   כֵּן יְהִי רָצוֹן.

Our God and God of our fathers, bless us with the Torah's threefold blessing:

> The Lord bless you and guard you.
> The Lord cause His light to shine upon you
>   and be gracious unto you.
> The Lord look with favor upon you and grant you peace.

YOM KIPPUR

שִׂים שָׁלוֹם

We Pray for Peace

שִׂים שָׁלוֹם, טוֹבָה וּבְרָכָה, חֵן וָחֶסֶד וְרַחֲמִים, עָלֵינוּ וְעַל כָּל יִשְׂרָאֵל עַמֶּךָ. בָּרְכֵנוּ אָבִינוּ, כֻּלָּנוּ כְּאֶחָד, בְּאוֹר פָּנֶיךָ. כִּי בְאוֹר פָּנֶיךָ נָתַתָּ לָּנוּ, יְיָ אֱלֹהֵינוּ, תּוֹרַת חַיִּים וְאַהֲבַת חֶסֶד, וּצְדָקָה וּבְרָכָה וְרַחֲמִים, וְחַיִּים וְשָׁלוֹם. וְטוֹב בְּעֵינֶיךָ לְבָרֵךְ אֶת עַמְּךָ יִשְׂרָאֵל בְּכָל עֵת וּבְכָל שָׁעָה בִּשְׁלוֹמֶךָ.

בְּסֵפֶר חַיִּים, בְּרָכָה וְשָׁלוֹם וּפַרְנָסָה טוֹבָה, נִזָּכֵר וְנִכָּתֵב לְפָנֶיךָ, אֲנַחְנוּ וְכָל עַמְּךָ בֵּית יִשְׂרָאֵל, לְחַיִּים טוֹבִים וּלְשָׁלוֹם. בָּרוּךְ אַתָּה יְיָ, עוֹשֵׂה הַשָּׁלוֹם.

O God, let peace and happiness reign in our midst. Bless us, O Father, with the light of Your spirit, for by that light, You have shown us a way of life that teaches kindness, righteousness, mercy, and peace.

May we and all Your children be inscribed in the book of life for a life of happiness and peace. Amen.

אָבִינוּ מַלְכֵּנוּ

Our Father, Our King

OMITTED ON SABBATH

אָבִינוּ מַלְכֵּנוּ, חָטָאנוּ לְפָנֶיךָ.
אָבִינוּ מַלְכֵּנוּ, אֵין לָנוּ מֶלֶךְ אֶלָּא אָתָּה.

MORNING SERVICE

אָבִינוּ מַלְכֵּנוּ, עֲשֵׂה עִמָּנוּ לְמַעַן שְׁמֶךָ.
אָבִינוּ מַלְכֵּנוּ, חַדֵּשׁ עָלֵינוּ שָׁנָה טוֹבָה.
אָבִינוּ מַלְכֵּנוּ, כָּתְבֵנוּ בְּסֵפֶר חַיִּים טוֹבִים.
אָבִינוּ מַלְכֵּנוּ, כָּתְבֵנוּ בְּסֵפֶר גְּאֻלָּה וִישׁוּעָה.
אָבִינוּ מַלְכֵּנוּ, כָּתְבֵנוּ בְּסֵפֶר פַּרְנָסָה וְכַלְכָּלָה.
אָבִינוּ מַלְכֵּנוּ, כָּתְבֵנוּ בְּסֵפֶר זְכֻיּוֹת.
אָבִינוּ מַלְכֵּנוּ, כָּתְבֵנוּ בְּסֵפֶר סְלִיחָה וּמְחִילָה.

Our Father, our King, grant us a good life.
Our Father, our King, grant us a life of blessing.
Our Father, our King, grant us our daily needs.
Our Father, our King, grant us Your love and favor.
Our Father, our King, grant us forgiveness.

ALL JOIN IN CHANTING:

אָבִינוּ מַלְכֵּנוּ, חָנֵּנוּ וַעֲנֵנוּ, כִּי אֵין בָּנוּ מַעֲשִׂים.
עֲשֵׂה עִמָּנוּ צְדָקָה וָחֶסֶד וְהוֹשִׁיעֵנוּ.

READER'S KADDISH MAY BE FOUND ON PAGE 187

YOM KIPPUR

סֵדֶר קְרִיאַת הַתּוֹרָה

The Torah Service

אֵין כָּמוֹךָ בָאֱלֹהִים, אֲדֹנָי, וְאֵין כְּמַעֲשֶׂיךָ. מַלְכוּתְךָ מַלְכוּת כָּל עֹלָמִים, וּמֶמְשַׁלְתְּךָ בְּכָל דֹּר וָדֹר. יְיָ מֶלֶךְ, יְיָ מָלָךְ, יְיָ יִמְלֹךְ לְעֹלָם וָעֶד. יְיָ עֹז לְעַמּוֹ יִתֵּן, יְיָ יְבָרֵךְ אֶת עַמּוֹ בַשָּׁלוֹם.

אַב הָרַחֲמִים, הֵיטִיבָה בִרְצוֹנְךָ אֶת צִיּוֹן, תִּבְנֶה חוֹמוֹת יְרוּשָׁלָיִם. כִּי בְךָ לְבַד בָּטָחְנוּ, מֶלֶךְ אֵל רָם וְנִשָּׂא, אֲדוֹן עוֹלָמִים.

THE ARK IS OPENED

וַיְהִי בִּנְסֹעַ הָאָרֹן וַיֹּאמֶר מֹשֶׁה: קוּמָה יְיָ, וְיָפֻצוּ אֹיְבֶיךָ, וְיָנֻסוּ מְשַׂנְאֶיךָ מִפָּנֶיךָ. כִּי מִצִּיּוֹן תֵּצֵא תוֹרָה, וּדְבַר יְיָ מִירוּשָׁלָיִם. בָּרוּךְ שֶׁנָּתַן תּוֹרָה לְעַמּוֹ יִשְׂרָאֵל בִּקְדֻשָּׁתוֹ.

THE REST OF THIS PAGE IS OMITTED ON SABBATH

יְיָ יְיָ, אֵל רַחוּם וְחַנּוּן, אֶרֶךְ אַפַּיִם וְרַב חֶסֶד וֶאֱמֶת. נֹצֵר חֶסֶד לָאֲלָפִים, נֹשֵׂא עָוֹן וָפֶשַׁע וְחַטָּאָה וְנַקֵּה.

Lord, merciful Lord,
You are patient, loving and just.
You remember a kind act for a thousand generations.
And when we commit a wrong, You stand ready to forgive.

וַאֲנִי תְפִלָּתִי לְךָ, יְיָ, עֵת רָצוֹן.
אֱלֹהִים, בְּרָב חַסְדֶּךָ, עֲנֵנִי בֶּאֱמֶת יִשְׁעֶךָ.

Show me Your great kindness, O God, and answer me.

MORNING SERVICE

Prayer Before the Open Ark

O God, open our hearts to Your Torah. On this holy day, grant us our prayers for life and for peace. Amen.

בֵּהּ אֲנָא רָחֵץ, וְלִשְׁמֵהּ קַדִּישָׁא יַקִּירָא אֲנָא אֵמַר תֻּשְׁבְּחָן.
יְהֵא רַעֲוָה קֳדָמָךְ דְּתִפְתַּח לִבִּי בְּאוֹרַיְתָא, וְתַשְׁלִים מִשְׁאֲלִין
דְּלִבִּי וְלִבָּא דְכָל עַמָּךְ יִשְׂרָאֵל, לְטָב וּלְחַיִּין וְלִשְׁלָם, אָמֵן.

THE SCROLL OF THE TORAH IS TAKEN

READER AND CONGREGATION:

שְׁמַע יִשְׂרָאֵל, יְיָ אֱלֹהֵינוּ, יְיָ אֶחָד.

READER AND CONGREGATION:

אֶחָד אֱלֹהֵינוּ, גָּדוֹל אֲדוֹנֵינוּ, קָדוֹשׁ וְנוֹרָא שְׁמוֹ.

READER:

גַּדְּלוּ לַייָ אִתִּי, וּנְרוֹמְמָה שְׁמוֹ יַחְדָּו.

AS THE TORAH IS CARRIED, ALL CHANT:

לְךָ, יְיָ, הַגְּדֻלָּה וְהַגְּבוּרָה וְהַתִּפְאֶרֶת וְהַנֵּצַח וְהַהוֹד, כִּי כֹל
בַּשָּׁמַיִם וּבָאָרֶץ; לְךָ, יְיָ, הַמַּמְלָכָה וְהַמִּתְנַשֵּׂא לְכֹל לְרֹאשׁ.
רוֹמְמוּ יְיָ אֱלֹהֵינוּ, וְהִשְׁתַּחֲווּ לַהֲדֹם רַגְלָיו, קָדוֹשׁ הוּא. רוֹמְמוּ
יְיָ אֱלֹהֵינוּ, וְהִשְׁתַּחֲווּ לְהַר קָדְשׁוֹ, כִּי קָדוֹשׁ יְיָ אֱלֹהֵינוּ.

בִּרְכוֹת הַתּוֹרָה
The Torah Blessings

THE PERSON CALLED TO THE TORAH SAYS:

בָּרְכוּ אֶת יְיָ הַמְבֹרָךְ.

CONGREGATION:

בָּרוּךְ יְיָ הַמְבֹרָךְ לְעוֹלָם וָעֶד.

THE PERSON CALLED TO THE TORAH REPEATS THE ABOVE AND CONTINUES:

בָּרוּךְ אַתָּה יְיָ, אֱלֹהֵינוּ מֶלֶךְ הָעוֹלָם, אֲשֶׁר בָּחַר בָּנוּ מִכָּל הָעַמִּים, וְנָתַן לָנוּ אֶת תּוֹרָתוֹ. בָּרוּךְ אַתָּה יְיָ, נוֹתֵן הַתּוֹרָה.

AFTER A SECTION OF THE TORAH HAS BEEN READ,
THE FOLLOWING IS SAID:

בָּרוּךְ אַתָּה יְיָ, אֱלֹהֵינוּ מֶלֶךְ הָעוֹלָם, אֲשֶׁר נָתַן לָנוּ תּוֹרַת אֱמֶת, וְחַיֵּי עוֹלָם נָטַע בְּתוֹכֵנוּ. בָּרוּךְ אַתָּה יְיָ, נוֹתֵן הַתּוֹרָה.

THE TORAH READING

In Bible times, on Yom Kippur, it was the function of the High Priest to confess not only his own sins and those of his fellow priests but the wrongs committed by the entire Jewish people. The Torah relates that this was done in an unusual ceremony involving two goats. After the confession, one goat was presented on the altar as an offering. The other was sent into the wilderness, to show that the people truly wished to rid themselves of their sins and make amends for them. The Torah next tells us this about Yom Kippur:

FROM LEVITICUS, CHAPTER 16

וְהָיְתָה לָכֶם לְחֻקַּת עוֹלָם בַּחֹדֶשׁ הַשְּׁבִיעִי בֶּעָשׂוֹר לַחֹדֶשׁ תְּעַנּוּ אֶת־נַפְשֹׁתֵיכֶם וְכָל־מְלָאכָה לֹא תַעֲשׂוּ הָאֶזְרָח וְהַגֵּר

הַגָּר בְּתוֹכְכֶם׃ כִּֽי־בַיּוֹם הַזֶּה יְכַפֵּר עֲלֵיכֶם לְטַהֵר אֶתְכֶם
מִכֹּל חַטֹּאתֵיכֶם לִפְנֵי יְהוָה תִּטְהָרוּ׃ שַׁבַּת שַׁבָּתוֹן הִיא
לָכֶם וְעִנִּיתֶם אֶת־נַפְשֹׁתֵיכֶם חֻקַּת עוֹלָם׃ וְכִפֶּר הַכֹּהֵן
אֲשֶׁר־יִמְשַׁח אֹתוֹ וַאֲשֶׁר יְמַלֵּא אֶת־יָדוֹ לְכַהֵן תַּחַת אָבִיו
וְלָבַשׁ אֶת־בִּגְדֵי הַבָּד בִּגְדֵי הַקֹּדֶשׁ׃ וְכִפֶּר אֶת־מִקְדַּשׁ
הַקֹּדֶשׁ וְאֶת־אֹהֶל מוֹעֵד וְאֶת־הַמִּזְבֵּחַ יְכַפֵּר וְעַל הַכֹּהֲנִים
וְעַל־כָּל־עַם הַקָּהָל יְכַפֵּר׃ וְהָיְתָה־זֹּאת לָכֶם לְחֻקַּת
עוֹלָם לְכַפֵּר עַל־בְּנֵי יִשְׂרָאֵל מִכָּל־חַטֹּאתָם אַחַת בַּשָּׁנָה
וַיַּעַשׂ כַּאֲשֶׁר צִוָּה יְהוָה אֶת־מֹשֶׁה׃

And this will be the law for you always, that in the seventh month, on the tenth day of the month, you will fast and engage in no work. This rule will apply both to the citizen and to the stranger who lives among you. For on that day, atonement will be made, so that you will be purified of all your sins before the Lord. It will be the Sabbath of Sabbaths for you and for all the generations after you.

WHEN THE TORAH IS RAISED, ALL SAY:

וְזֹאת הַתּוֹרָה אֲשֶׁר שָׂם מֹשֶׁה לִפְנֵי בְּנֵי יִשְׂרָאֵל, עַל פִּי יְיָ
בְּיַד מֹשֶׁה.

בְּרְכוֹת הַהַפְטָרָה

The Haftarah Blessings

BEFORE READING THE HAFTARAH

בָּרוּךְ אַתָּה יְיָ אֱלֹהֵינוּ מֶלֶךְ הָעוֹלָם אֲשֶׁר בָּחַר בִּנְבִיאִים
טוֹבִים וְרָצָה בְדִבְרֵיהֶם הַנֶּאֱמָרִים בֶּאֱמֶת. בָּרוּךְ אַתָּה יְיָ
הַבּוֹחֵר בַּתּוֹרָה וּבְמֹשֶׁה עַבְדּוֹ וּבְיִשְׂרָאֵל עַמּוֹ וּבִנְבִיאֵי הָאֱמֶת
וָצֶדֶק.

THE HAFTARAH

A message for Yom Kippur as taught in the Book of Isaiah, Chapter 58.

קְרָא בְגָרוֹן אַל־תַּחְשֹׂךְ כַּשּׁוֹפָר הָרֵם קוֹלֶךָ וְהַגֵּד לְעַמִּי
פִּשְׁעָם וּלְבֵית יַעֲקֹב חַטֹּאתָם׃ וְאוֹתִי יוֹם יוֹם יִדְרֹשׁוּן וְדַעַת
דְּרָכַי יֶחְפָּצוּן כְּגוֹי אֲשֶׁר־צְדָקָה עָשָׂה וּמִשְׁפַּט אֱלֹהָיו לֹא
עָזָב יִשְׁאָלוּנִי מִשְׁפְּטֵי־צֶדֶק קִרְבַת אֱלֹהִים יֶחְפָּצוּן׃ לָמָּה
צַּמְנוּ וְלֹא רָאִיתָ עִנִּינוּ נַפְשֵׁנוּ וְלֹא תֵדָע הֵן בְּיוֹם צֹמְכֶם
תִּמְצְאוּ־חֵפֶץ וְכָל־עַצְּבֵיכֶם תִּנְגֹּשׂוּ׃ הֵן לְרִיב וּמַצָּה תָּצוּמוּ
וּלְהַכּוֹת בְּאֶגְרֹף רֶשַׁע לֹא־תָצוּמוּ כַיּוֹם לְהַשְׁמִיעַ בַּמָּרוֹם
קוֹלְכֶם׃ הֲכָזֶה יִהְיֶה צוֹם אֶבְחָרֵהוּ יוֹם עַנּוֹת אָדָם נַפְשׁוֹ
הֲלָכֹף כְּאַגְמֹן רֹאשׁוֹ וְשַׂק וָאֵפֶר יַצִּיעַ הֲלָזֶה תִּקְרָא־צוֹם
וְיוֹם רָצוֹן לַיהוָה׃ הֲלוֹא זֶה צוֹם אֶבְחָרֵהוּ פַּתֵּחַ חַרְצֻבּוֹת
רֶשַׁע הַתֵּר אֲגֻדּוֹת מוֹטָה וְשַׁלַּח רְצוּצִים חָפְשִׁים וְכָל־מוֹטָה

תְּנַתֵּֽקוּ׃ הֲל֨וֹא פָרֹ֤ס לָֽרָעֵב֙ לַחְמֶ֔ךָ וַעֲנִיִּ֥ים מְרוּדִ֖ים תָּ֣בִיא בָ֑יִת כִּֽי־תִרְאֶ֤ה עָרֹם֙ וְכִסִּית֔וֹ וּמִבְּשָׂרְךָ֖ לֹ֥א תִתְעַלָּֽם׃

Speak out, do not spare your voice.
  Raise it loud as a trumpet, so My people hear the truth about their conduct.
They only pretend to seek Me daily.
  They pretend to be righteous and to be following My Torah.
Tell them this in My name:

On fast days, O My people, you abstain from food,
  But you continue to be evil and sinful.
Your fasting is therefore without meaning,
  And your prayers without value.

This, O Israel, is what I desire:
  Let your fasting be accompanied by good deeds;
Free those who unjustly are in chains,
  And remove poverty from your midst.
Share your bread with the hungry
  And give shelter to the homeless.
Clothe and help the needy
  And turn not away from the cares of your fellow man.

When you become truly upright and unselfish,
  Then My glory will be with you.
Your prayers to Me will be answered,
  And if you seek Me, I will be near.
You will bloom like a freshly watered garden.
  You will be like an oasis fed by a never-failing spring.
Keep the Sabbath holy and make it a day of delight,
  That the Lord may fill your life with blessing and joy.

Blessings after the Haftarah

בָּרוּךְ אַתָּה יְיָ, אֱלֹהֵינוּ מֶלֶךְ הָעוֹלָם, צוּר כָּל הָעוֹלָמִים, צַדִּיק בְּכָל הַדּוֹרוֹת, הָאֵל הַנֶּאֱמָן, הָאוֹמֵר וְעוֹשֶׂה, הַמְדַבֵּר וּמְקַיֵּם, שֶׁכָּל דְּבָרָיו אֱמֶת וָצֶדֶק.

נֶאֱמָן אַתָּה הוּא, יְיָ אֱלֹהֵינוּ, וְנֶאֱמָנִים דְּבָרֶיךָ, וְדָבָר אֶחָד מִדְּבָרֶיךָ אָחוֹר לֹא יָשׁוּב רֵיקָם, כִּי אֵל מֶלֶךְ נֶאֱמָן וְרַחֲמָן אָתָּה. בָּרוּךְ אַתָּה יְיָ, הָאֵל הַנֶּאֱמָן בְּכָל דְּבָרָיו.

רַחֵם עַל צִיּוֹן כִּי הִיא בֵּית חַיֵּינוּ, וְלַעֲלוּבַת נֶפֶשׁ תּוֹשִׁיעַ בִּמְהֵרָה בְיָמֵינוּ. בָּרוּךְ אַתָּה יְיָ, מְשַׂמֵּחַ צִיּוֹן בְּבָנֶיהָ.

שַׂמְּחֵנוּ, יְיָ אֱלֹהֵינוּ, בְּאֵלִיָּהוּ הַנָּבִיא עַבְדֶּךָ, וּבְמַלְכוּת בֵּית דָּוִד מְשִׁיחֶךָ. בִּמְהֵרָה יָבֹא, וְיָגֵל לִבֵּנוּ. עַל כִּסְאוֹ לֹא יֵשֶׁב זָר, וְלֹא יִנְחֲלוּ עוֹד אֲחֵרִים אֶת כְּבוֹדוֹ, כִּי בְּשֵׁם קָדְשְׁךָ נִשְׁבַּעְתָּ לּוֹ, שֶׁלֹּא יִכְבֶּה נֵרוֹ לְעוֹלָם וָעֶד. בָּרוּךְ אַתָּה יְיָ, מָגֵן דָּוִד.

ON THE SABBATH ADD THE WORDS IN BRACKETS:

עַל הַתּוֹרָה וְעַל הָעֲבוֹדָה וְעַל הַנְּבִיאִים [וְעַל יוֹם הַשַּׁבָּת הַזֶּה] וְעַל יוֹם הַכִּפּוּרִים הַזֶּה, שֶׁנָּתַתָּ לָּנוּ, יְיָ אֱלֹהֵינוּ, [לִקְדֻשָּׁה וְלִמְנוּחָה], לִמְחִילָה וְלִסְלִיחָה וּלְכַפָּרָה, לְכָבוֹד וּלְתִפְאָרֶת.

עַל הַכֹּל, יְיָ אֱלֹהֵינוּ, אֲנַחְנוּ מוֹדִים לָךְ, וּמְבָרְכִים אוֹתָךְ, יִתְבָּרַךְ שִׁמְךָ בְּפִי כָּל חַי תָּמִיד לְעוֹלָם וָעֶד. בָּרוּךְ אַתָּה יְיָ, מֶלֶךְ מוֹחֵל וְסוֹלֵחַ לַעֲוֹנוֹתֵינוּ וְלַעֲוֹנוֹת עַמּוֹ בֵּית יִשְׂרָאֵל, וּמַעֲבִיר אַשְׁמוֹתֵינוּ בְּכָל שָׁנָה וְשָׁנָה. מֶלֶךְ עַל כָּל הָאָרֶץ, מְקַדֵּשׁ [הַשַּׁבָּת וְ] יִשְׂרָאֵל וְיוֹם הַכִּפּוּרִים.

אַשְׁרֵי

אַשְׁרֵי יוֹשְׁבֵי בֵיתֶךָ, עוֹד יְהַלְלוּךָ סֶּלָה.
אַשְׁרֵי הָעָם שֶׁכָּכָה לּוֹ, אַשְׁרֵי הָעָם שֶׁיְיָ אֱלֹהָיו.

תְּהִלָּה לְדָוִד
אֲרוֹמִמְךָ, אֱלֹהַי הַמֶּלֶךְ, וַאֲבָרְכָה שִׁמְךָ לְעוֹלָם וָעֶד.
בְּכָל יוֹם אֲבָרְכֶךָּ, וַאֲהַלְלָה שִׁמְךָ לְעוֹלָם וָעֶד.
גָּדוֹל יְיָ וּמְהֻלָּל מְאֹד, וְלִגְדֻלָּתוֹ אֵין חֵקֶר.
דּוֹר לְדוֹר יְשַׁבַּח מַעֲשֶׂיךָ, וּגְבוּרֹתֶיךָ יַגִּידוּ.
הֲדַר כְּבוֹד הוֹדֶךָ וְדִבְרֵי נִפְלְאֹתֶיךָ אָשִׂיחָה.
וֶעֱזוּז נוֹרְאוֹתֶיךָ יֹאמֵרוּ, וּגְדֻלָּתְךָ אֲסַפְּרֶנָּה.
זֵכֶר רַב טוּבְךָ יַבִּיעוּ, וְצִדְקָתְךָ יְרַנֵּנוּ.
חַנּוּן וְרַחוּם יְיָ, אֶרֶךְ אַפַּיִם וּגְדָל חָסֶד.
טוֹב יְיָ לַכֹּל, וְרַחֲמָיו עַל כָּל מַעֲשָׂיו.
יוֹדוּךָ יְיָ כָּל מַעֲשֶׂיךָ, וַחֲסִידֶיךָ יְבָרְכוּכָה.
כְּבוֹד מַלְכוּתְךָ יֹאמֵרוּ, וּגְבוּרָתְךָ יְדַבֵּרוּ.
לְהוֹדִיעַ לִבְנֵי הָאָדָם גְּבוּרֹתָיו, וּכְבוֹד הֲדַר מַלְכוּתוֹ.
מַלְכוּתְךָ מַלְכוּת כָּל עֹלָמִים, וּמֶמְשַׁלְתְּךָ בְּכָל דּוֹר וָדֹר.
סוֹמֵךְ יְיָ לְכָל הַנֹּפְלִים, וְזוֹקֵף לְכָל הַכְּפוּפִים.
עֵינֵי כֹל אֵלֶיךָ יְשַׂבֵּרוּ, וְאַתָּה נוֹתֵן לָהֶם אֶת אָכְלָם בְּעִתּוֹ.
פּוֹתֵחַ אֶת יָדֶךָ, וּמַשְׂבִּיעַ לְכָל חַי רָצוֹן.

צַדִּיק יְיָ בְּכָל דְּרָכָיו, וְחָסִיד בְּכָל מַעֲשָׂיו.
קָרוֹב יְיָ לְכָל קֹרְאָיו, לְכֹל אֲשֶׁר יִקְרָאֻהוּ בֶאֱמֶת.
רְצוֹן יְרֵאָיו יַעֲשֶׂה, וְאֶת שַׁוְעָתָם יִשְׁמַע וְיוֹשִׁיעֵם.
שׁוֹמֵר יְיָ אֶת כָּל אֹהֲבָיו, וְאֵת כָּל הָרְשָׁעִים יַשְׁמִיד.
תְּהִלַּת יְיָ יְדַבֶּר פִּי, וִיבָרֵךְ כָּל בָּשָׂר שֵׁם קָדְשׁוֹ לְעוֹלָם וָעֶד.
וַאֲנַחְנוּ נְבָרֵךְ יָהּ, מֵעַתָּה וְעַד עוֹלָם, הַלְלוּיָהּ.

A READING BASED ON "ASHREI"

Blessed are they who dwell in Your House,
For they will sing Your praises forever.

> *Blessed are they who place their hope in You,*
> *And have faith in You at all times.*

For You are mighty and great, O God,
Greater than man can possibly understand.

> *Your wisdom has no equal,*
> *And Your miracles and wonders never cease.*

You show mercy to all Your creatures,
Great and small alike.

> *You were God even before the universe began,*
> *And You will be God for all time.*

You open Your hand to satisfy our needs,
You are near when we call upon You sincerely.

> *We praise You, O Lord our God,*
> *And we will praise You forever.*

Halleluyah!

Returning the Torah to the Ark

THE READER TAKES THE TORAH AND CHANTS:

יְהַלְלוּ אֶת שֵׁם יְיָ, כִּי נִשְׂגָּב שְׁמוֹ לְבַדּוֹ.

THE CONGREGATION RESPONDS:

הוֹדוֹ עַל אֶרֶץ וְשָׁמָיִם, וַיָּרֶם קֶרֶן לְעַמּוֹ, תְּהִלָּה לְכָל חֲסִידָיו, לִבְנֵי יִשְׂרָאֵל עַם קְרוֹבוֹ, הַלְלוּיָהּ.

PSALM 29

ON THE SABBATH ONLY

A Psalm of David. Acclaim the Lord, O mighty beings; acclaim the Lord in glory.

מִזְמוֹר לְדָוִד. הָבוּ לַיָי, בְּנֵי אֵלִים, הָבוּ לַיָי כָּבוֹד וָעֹז. הָבוּ לַיָי כְּבוֹד שְׁמוֹ, הִשְׁתַּחֲווּ לַיָי בְּהַדְרַת קֹדֶשׁ. קוֹל יְיָ עַל הַמָּיִם, אֵל הַכָּבוֹד הִרְעִים, יְיָ עַל מַיִם רַבִּים. קוֹל יְיָ בַּכֹּחַ, קוֹל יְיָ בֶּהָדָר, קוֹל יְיָ שֹׁבֵר אֲרָזִים, וַיְשַׁבֵּר יְיָ אֶת אַרְזֵי הַלְּבָנוֹן. וַיַּרְקִידֵם כְּמוֹ עֵגֶל, לְבָנוֹן וְשִׂרְיוֹן כְּמוֹ בֶן־רְאֵמִים. קוֹל יְיָ חֹצֵב לַהֲבוֹת אֵשׁ. קוֹל יְיָ יָחִיל מִדְבָּר, יָחִיל יְיָ מִדְבַּר קָדֵשׁ. קוֹל יְיָ יְחוֹלֵל אַיָּלוֹת, וַיֶּחֱשֹׂף יְעָרוֹת, וּבְהֵיכָלוֹ כֻּלּוֹ אֹמֵר כָּבוֹד. יְיָ לַמַּבּוּל יָשָׁב, וַיֵּשֶׁב יְיָ מֶלֶךְ לְעוֹלָם. יְיָ עֹז לְעַמּוֹ יִתֵּן, יְיָ יְבָרֵךְ אֶת עַמּוֹ בַשָּׁלוֹם.

AS THE TORAH IS RETURNED:

וּבְנֻחֹה יֹאמַר: שׁוּבָה, יְיָ, רִבְבוֹת אַלְפֵי יִשְׂרָאֵל. קוּמָה יְיָ לִמְנוּחָתֶךָ, אַתָּה וַאֲרוֹן עֻזֶּךָ. כֹּהֲנֶיךָ יִלְבְּשׁוּ צֶדֶק, וַחֲסִידֶיךָ יְרַנֵּנוּ. בַּעֲבוּר דָּוִד עַבְדֶּךָ, אַל תָּשֵׁב פְּנֵי מְשִׁיחֶךָ. כִּי לֶקַח טוֹב נָתַתִּי לָכֶם, תּוֹרָתִי אַל תַּעֲזֹבוּ.

עֵץ חַיִּים הִיא לַמַּחֲזִיקִים בָּהּ, וְתֹמְכֶיהָ מְאֻשָּׁר. דְּרָכֶיהָ דַרְכֵי נֹעַם, וְכָל נְתִיבוֹתֶיהָ שָׁלוֹם. הֲשִׁיבֵנוּ יְיָ אֵלֶיךָ וְנָשׁוּבָה, חַדֵּשׁ יָמֵינוּ כְּקֶדֶם.

The Torah is a tree of life to all who live by it,
And those who uphold it are blessed.
Its ways are ways of pleasantness,
And its paths are paths of peace.
Turn us unto You, O Lord,
And we shall return.
Renew our glory as in days of old.

THE ARK IS CLOSED

מוּסָף לְיוֹם כִּפּוּר

Musaf Service for Yom Kippur

חֲצִי קַדִּישׁ

Reader's Kaddish

READER:

יִתְגַּדַּל וְיִתְקַדַּשׁ שְׁמֵהּ רַבָּא. בְּעָלְמָא דִּי בְרָא כִרְעוּתֵהּ
וְיַמְלִיךְ מַלְכוּתֵהּ, בְּחַיֵּיכוֹן וּבְיוֹמֵיכוֹן וּבְחַיֵּי דְכָל בֵּית יִשְׂרָאֵל,
בַּעֲגָלָא וּבִזְמַן קָרִיב, וְאִמְרוּ אָמֵן.

CONGREGATION AND READER RESPOND:

יְהֵא שְׁמֵהּ רַבָּא מְבָרַךְ לְעָלַם וּלְעָלְמֵי עָלְמַיָּא.

READER:

יִתְבָּרַךְ וְיִשְׁתַּבַּח, וְיִתְפָּאַר וְיִתְרוֹמַם, וְיִתְנַשֵּׂא וְיִתְהַדַּר,
וְיִתְעַלֶּה וְיִתְהַלַּל שְׁמֵהּ דְּקֻדְשָׁא –

CONGREGATION AND READER RESPOND:

בְּרִיךְ הוּא.

לְעֵלָּא וּלְעֵלָּא מִן כָּל בִּרְכָתָא וְשִׁירָתָא, תֻּשְׁבְּחָתָא וְנֶחֱמָתָא,
דַּאֲמִירָן בְּעָלְמָא, וְאִמְרוּ אָמֵן.

עֲמִידָה

The Amidah

Grant us life, O God of life, and inscribe us this day in the Book of Life. You are our Creator, our Guide and Helper. We put our trust in You.

בָּרוּךְ אַתָּה יְיָ, אֱלֹהֵינוּ וֵאלֹהֵי אֲבוֹתֵינוּ, אֱלֹהֵי אַבְרָהָם אֱלֹהֵי יִצְחָק וֵאלֹהֵי יַעֲקֹב. הָאֵל הַגָּדוֹל הַגִּבּוֹר וְהַנּוֹרָא, אֵל עֶלְיוֹן, גּוֹמֵל חֲסָדִים טוֹבִים, וְקוֹנֵה הַכֹּל, וְזוֹכֵר חַסְדֵי אָבוֹת, וּמֵבִיא גוֹאֵל לִבְנֵי בְנֵיהֶם לְמַעַן שְׁמוֹ בְּאַהֲבָה.

זָכְרֵנוּ לְחַיִּים, מֶלֶךְ חָפֵץ בַּחַיִּים, וְכָתְבֵנוּ בְּסֵפֶר הַחַיִּים, לְמַעַנְךָ אֱלֹהִים חַיִּים.

מֶלֶךְ עוֹזֵר וּמוֹשִׁיעַ וּמָגֵן. בָּרוּךְ אַתָּה יְיָ, מָגֵן אַבְרָהָם.

אַתָּה גִּבּוֹר לְעוֹלָם, יְיָ. מְחַיֵּה מֵתִים אַתָּה, רַב לְהוֹשִׁיעַ.

מְכַלְכֵּל חַיִּים בְּחֶסֶד, מְחַיֵּה מֵתִים בְּרַחֲמִים רַבִּים. סוֹמֵךְ נוֹפְלִים, וְרוֹפֵא חוֹלִים, וּמַתִּיר אֲסוּרִים. וּמְקַיֵּם אֱמוּנָתוֹ לִישֵׁנֵי עָפָר. מִי כָמוֹךָ בַּעַל גְּבוּרוֹת, וּמִי דּוֹמֶה לָּךְ. מֶלֶךְ מֵמִית וּמְחַיֶּה, וּמַצְמִיחַ יְשׁוּעָה.

מִי כָמוֹךָ אַב הָרַחֲמִים, זוֹכֵר יְצוּרָיו לְחַיִּים בְּרַחֲמִים.

וְנֶאֱמָן אַתָּה לְהַחֲיוֹת מֵתִים. בָּרוּךְ אַתָּה יְיָ, מְחַיֵּה הַמֵּתִים.

Life Is in the Hands of God — בְּרֹאשׁ הַשָּׁנָה

בְּרֹאשׁ הַשָּׁנָה יִכָּתֵבוּן, וּבְיוֹם צוֹם כִּפּוּר יֵחָתֵמוּן,

כַּמָּה יַעַבְרוּן, וְכַמָּה יִבָּרֵאוּן,

מִי יִחְיֶה, וּמִי יָמוּת,

מִי בְקִצּוֹ, וּמִי לֹא בְקִצּוֹ,

מִי בָאֵשׁ, וּמִי בַמַּיִם,

מִי בַחֶרֶב, וּמִי בַחַיָּה,

מִי בָרָעָב, וּמִי בַצָּמָא,

מִי בָרַעַשׁ, וּמִי בַמַּגֵּפָה,

מִי בַחֲנִיקָה, וּמִי בִסְקִילָה,

מִי יָנוּחַ, וּמִי יָנוּעַ,

מִי יִשָּׁקֵט, וּמִי יִטָּרֵף,

מִי יִשָּׁלֵו, וּמִי יִתְיַסָּר,

מִי יֵעָנִי, וּמִי יֵעָשֵׁר,

מִי יִשָּׁפֵל, וּמִי יָרוּם.

וּתְשׁוּבָה וּתְפִלָּה וּצְדָקָה

מַעֲבִירִין אֶת רֹעַ הַגְּזֵרָה.

וְאַתָּה הוּא מֶלֶךְ אֵל חַי וְקַיָּם.

In Your hands, O Lord, is the decision,
Only You have the answer:
Who shall live
And who shall die;

Who shall go hungry
   And who shall enjoy plenty;
Who shall be at war
   And who shall live in peace;
Who shall take ill
   And who shall be of sound health;
Who shall know sorrow
   And who shall find joy.
In Your hands, O Lord, is the decision,
   Only You have the answer.

Yet repentance, prayer, and righteous deeds
   Will soften the judgment.
For You, O Lord, are the God of life
   And You desire that we live.

קְדֻשָּׁה

A Prayer of Holiness:
"Holy, holy, holy is the Lord of all."

נַעֲרִיצְךָ וְנַקְדִּישְׁךָ, כְּסוֹד שִׂיחַ שַׂרְפֵי קֹדֶשׁ, הַמַּקְדִּישִׁים שִׁמְךָ בַּקֹּדֶשׁ. כַּכָּתוּב עַל־יַד נְבִיאֶךָ: וְקָרָא זֶה אֶל זֶה וְאָמַר —

קָדוֹשׁ, קָדוֹשׁ, קָדוֹשׁ, יְיָ צְבָאוֹת.

מְלֹא כָל הָאָרֶץ כְּבוֹדוֹ.

כְּבוֹדוֹ מָלֵא עוֹלָם. מְשָׁרְתָיו שׁוֹאֲלִים זֶה לָזֶה, אַיֵּה מְקוֹם כְּבוֹדוֹ. לְעֻמָּתָם בָּרוּךְ יֹאמֵרוּ:

בָּרוּךְ כְּבוֹד יְיָ מִמְּקוֹמוֹ.

מִמְּקוֹמוֹ הוּא יִפֶן בְּרַחֲמִים, וְיָחֹן עַם הַמְיַחֲדִים שְׁמוֹ, עֶרֶב וָבֹקֶר בְּכָל יוֹם תָּמִיד, פַּעֲמַיִם בְּאַהֲבָה שְׁמַע אוֹמְרִים:

שְׁמַע יִשְׂרָאֵל, יְיָ אֱלֹהֵינוּ, יְיָ אֶחָד.

הוּא אֱלֹהֵינוּ, הוּא אָבִינוּ, הוּא מַלְכֵּנוּ, הוּא מוֹשִׁיעֵנוּ. וְהוּא יַשְׁמִיעֵנוּ בְּרַחֲמָיו שֵׁנִית לְעֵינֵי כָּל חָי, לִהְיוֹת לָכֶם לֵאלֹהִים.

אֲנִי יְיָ אֱלֹהֵיכֶם.

וּבְדִבְרֵי קָדְשְׁךָ כָּתוּב לֵאמֹר:

יִמְלֹךְ יְיָ לְעוֹלָם, אֱלֹהַיִךְ צִיּוֹן לְדֹר וָדֹר, הַלְלוּיָהּ.

וְכֹל מַאֲמִינִים

The Qualities of God

וְכֹל מַאֲמִינִים שֶׁהוּא אֵל אֱמוּנָה,

הַבּוֹחֵן וּבוֹדֵק גִּנְזֵי נִסְתָּרוֹת.

וְכֹל מַאֲמִינִים שֶׁהוּא בּוֹחֵן כְּלָיוֹת,

הַגּוֹאֵל מִמָּוֶת וּפוֹדֶה מִשַּׁחַת.

וְכֹל מַאֲמִינִים שֶׁהוּא גּוֹאֵל חָזָק,

הַדָּן יְחִידִי לְבָאֵי עוֹלָם.

וְכֹל מַאֲמִינִים שֶׁהוּא דַּיַּן אֱמֶת,

הֶהָגוּי בְּאֶהְיֶה אֲשֶׁר אֶהְיֶה.

וְכֹל מַאֲמִינִים שֶׁהוּא הָיָה וְיִהְיֶה,

הַוַּדַּאי שְׁמוֹ וְכֵן תְּהִלָּתוֹ.

וְכֹל מַאֲמִינִים שֶׁהוּא וְאֵין בִּלְתּוֹ,
הַזּוֹכֵר לְמַזְכִּירָיו טוֹבוֹת זִכְרוֹנוֹת.
וְכֹל מַאֲמִינִים שֶׁהוּא זוֹכֵר הַבְּרִית,
הַחוֹתֵךְ חַיִּים לְכָל חָי.

We worship God, Creator of all,
   For His might guards us,
   His wisdom guides us,
   His love enfolds us,
   His mercy protects us,
   His greatness strengthens us,
   His kindness inspires us,
   And His teachings ennoble us.

וּבְכֵן

Let all nations form a fellowship of justice and peace.

וּבְכֵן תֵּן פַּחְדְּךָ, יְיָ אֱלֹהֵינוּ, עַל כָּל מַעֲשֶׂיךָ, וְאֵימָתְךָ עַל כָּל מַה שֶּׁבָּרָאתָ, וְיִירָאוּךָ כָּל הַמַּעֲשִׂים וְיִשְׁתַּחֲווּ לְפָנֶיךָ כָּל הַבְּרוּאִים, וְיֵעָשׂוּ כֻלָּם אֲגֻדָּה אַחַת לַעֲשׂוֹת רְצוֹנְךָ בְּלֵבָב שָׁלֵם. כְּמוֹ שֶׁיָּדַעְנוּ, יְיָ אֱלֹהֵינוּ, שֶׁהַשָּׁלְטָן לְפָנֶיךָ, עֹז בְּיָדְךָ וּגְבוּרָה בִּימִינֶךָ, וְשִׁמְךָ נוֹרָא עַל כָּל מַה שֶּׁבָּרָאתָ.

May honor and glory be our people's lot.

וּבְכֵן תֵּן כָּבוֹד, יְיָ, לְעַמֶּךָ, תְּהִלָּה לִירֵאֶיךָ וְתִקְוָה טוֹבָה לְדוֹרְשֶׁיךָ וּפִתְחוֹן פֶּה לַמְיַחֲלִים לָךְ. שִׂמְחָה לְאַרְצֶךָ וְשָׂשׂוֹן

לְעִירֶךָ וּצְמִיחַת קֶרֶן לְדָוִד עַבְדֶּךָ, וַעֲרִיכַת נֵר לְבֶן־יִשַׁי מְשִׁיחֶךָ, בִּמְהֵרָה בְיָמֵינוּ.

We pray for the day when all wickedness will cease.

וּבְכֵן צַדִּיקִים יִרְאוּ וְיִשְׂמָחוּ, וִישָׁרִים יַעֲלֹזוּ, וַחֲסִידִים בְּרִנָּה יָגִילוּ. וְעוֹלָתָה תִּקְפָּץ־פִּיהָ, וְכָל הָרִשְׁעָה כֻּלָּהּ כְּעָשָׁן תִּכְלֶה, כִּי תַעֲבִיר מֶמְשֶׁלֶת זָדוֹן מִן הָאָרֶץ.

קָדוֹשׁ אַתָּה וְנוֹרָא שְׁמֶךָ וְאֵין אֱלוֹהַּ מִבַּלְעָדֶיךָ, כַּכָּתוּב: וַיִּגְבַּהּ יְיָ צְבָאוֹת בַּמִּשְׁפָּט וְהָאֵל הַקָּדוֹשׁ נִקְדַּשׁ בִּצְדָקָה. בָּרוּךְ אַתָּה יְיָ, הַמֶּלֶךְ הַקָּדוֹשׁ.

ON THE SABBATH ADD:

יִשְׂמְחוּ בְמַלְכוּתְךָ שׁוֹמְרֵי שַׁבָּת וְקוֹרְאֵי עֹנֶג, עַם מְקַדְּשֵׁי שְׁבִיעִי, כֻּלָּם יִשְׂבְּעוּ וְיִתְעַנְּגוּ מִטּוּבֶךָ. וְהַשְּׁבִיעִי רָצִיתָ בּוֹ וְקִדַּשְׁתּוֹ, חֶמְדַּת יָמִים אֹתוֹ קָרָאתָ, זֵכֶר לְמַעֲשֵׂה בְרֵאשִׁית.

No Man Is Perfect

A READING IN THE SPIRIT OF THE DAY

No man is perfect. At some time in his life, every human being is guilty of wrong-doing.
God therefore gave us this holy day so that we might take account of our ways.

Have we lived up to the best in us? Have we been fair and just? Have we shown kindness and understanding? Do we live at peace with those about us?
The book of our deeds is open this day. Are we proud of its contents?

Let us not seek excuses for our misconduct as we stand before God. He knows us well.
God cares when we do wrong. He wants us to admit our mistakes, sincerely repent, and start afresh.

Let us therefore atone for our errors and begin the new year with a clean heart.

עָלֵינוּ

It is our duty to praise the Lord. With bowed head and bended knee we worship the King of kings.

עָלֵינוּ לְשַׁבֵּחַ לַאֲדוֹן הַכֹּל,
לָתֵת גְּדֻלָּה לְיוֹצֵר בְּרֵאשִׁית,
שֶׁלֹּא עָשָׂנוּ כְּגוֹיֵי הָאֲרָצוֹת,
וְלֹא שָׂמָנוּ כְּמִשְׁפְּחוֹת הָאֲדָמָה,
שֶׁלֹּא שָׂם חֶלְקֵנוּ כָּהֶם,
וְגוֹרָלֵנוּ כְּכָל הֲמוֹנָם.

THE CANTOR FALLS UPON HIS KNEES AS HE CHANTS:

וַאֲנַחְנוּ כּוֹרְעִים וּמִשְׁתַּחֲוִים וּמוֹדִים לִפְנֵי מֶלֶךְ מַלְכֵי הַמְּלָכִים, הַקָּדוֹשׁ בָּרוּךְ הוּא.

עֲבוֹדָה

Avodah

AN INTRODUCTORY NOTE

In the days of the Temple in Jerusalem, an inspiring service was held on Yom Kippur day. The central figure in the service was the High Priest.

Confession of sins was an important part of the service. First, the High Priest pleaded with God to forgive his own wrongs and those of his immediate family. Then he begged God to pardon the failings of the other priests. Lastly, he confessed the sins of the entire people and asked God to forgive them.

During the service, the High Priest fell upon his knees. He pronounced God's name in a special way forbidden to all other Israelites. And he entered the room known as the Holy of Holies, in which the Ark of the Lord stood.

When the Temple was destroyed by the Romans, the people yearned for reminders of its beautiful services. It was therefore decided to make the High Priest's prayers of confession part of the service for this day.

The High Priest's Confession

וְכַךְ הָיָה אוֹמֵר: אָנָּא הַשֵּׁם, חָטָאתִי, עָוִיתִי, פָּשַׁעְתִּי לְפָנֶיךָ
אֲנִי וּבֵיתִי. אָנָּא בַשֵּׁם, כַּפֶּר נָא לַחֲטָאִים וְלַעֲוֹנוֹת וְלִפְשָׁעִים
שֶׁחָטָאתִי וְשֶׁעָוִיתִי, וְשֶׁפָּשַׁעְתִּי לְפָנֶיךָ אֲנִי וּבֵיתִי, כַּכָּתוּב
בְּתוֹרַת מֹשֶׁה עַבְדֶּךָ מִפִּי כְבוֹדֶךָ: כִּי בַיּוֹם הַזֶּה יְכַפֵּר
עֲלֵיכֶם, לְטַהֵר אֶתְכֶם מִכֹּל חַטֹּאתֵיכֶם לִפְנֵי יְיָ.

וְהַכֹּהֲנִים וְהָעָם הָעוֹמְדִים בָּעֲזָרָה, כְּשֶׁהָיוּ שׁוֹמְעִים אֶת הַשֵּׁם
הַנִּכְבָּד וְהַנּוֹרָא, מְפֹרָשׁ יוֹצֵא מִפִּי כֹהֵן גָּדוֹל בִּקְדֻשָּׁה
וּבְטָהֳרָה,

THE CANTOR FALLS UPON HIS KNEES AND CHANTS:

הָיוּ כּוֹרְעִים וּמִשְׁתַּחֲוִים וּמוֹדִים וְנוֹפְלִים עַל פְּנֵיהֶם,
וְאוֹמְרִים: בָּרוּךְ שֵׁם כְּבוֹד מַלְכוּתוֹ לְעוֹלָם וָעֶד.

A MEDITATION BASED ON THE "AVODAH"

As we recall the confessions of the High Priest in Temple times, we too, confess and ask forgiveness:

We confess and ask forgiveness for being selfish.
We confess and ask forgiveness for being stubborn.
We confess and ask forgiveness for being ungrateful.
We confess and ask forgiveness for being thoughtless.
We confess and ask forgiveness for being cowardly.
We confess and ask forgiveness for being spiteful.
We confess and ask forgiveness for being untruthful.

Prayer of the High Priest

When he had completed the special service for the day, thus did the High Priest pray:

O Lord our God and God of our fathers, may the new year be for us and for the entire household of Israel

A year of plenty,
A year of blessing,
A year of corn, wine, and oil,
A year of prosperity,
A year of happiness,
A year of dew, rain, and warmth,
A year of forgiveness,
A year in which You will bless our bread and our water,
A year of good trade and commerce,
A year of contentment,
A year in which You will bless our going and coming,
A year of mercy,
A year of peace and harmony.

Our Martyrs

Part of Yom Kippur is dedicated to remembering our people's martyrs—those who gave their lives to preserve the Torah, the land of Israel, and the Jewish way of life. They brought glory to God's name.

The list of martyrs is long. It starts in very ancient times and continues to our own day.

A reading on Jewish martyrs composed by members of the congregation may be included here.

We Remember and Mourn and Ask God Why

We remember and mourn the Rabbis of old
Who were mercilessly put to death for teaching Torah.
    And we ask God why.
We remember and mourn the thousands
Who were slain for observing the Sabbath and the Festivals.
    And we ask God why.
We remember and mourn the countless numbers
Who died a martyr's death for keeping our way of life.
    And we ask God why.
We remember and mourn the six million
Who were savagely murdered for no other reason than that they were Jews.
    And we ask God why.
And we believe, with complete faith, that God, in His own way and in His own time, will make the answers known.

ALL CHANT:

אֲנִי מַאֲמִין בֶּאֱמוּנָה שְׁלֵמָה בְּבִיאַת הַמָּשִׁיחַ.
וְאַף עַל פִּי שֶׁיִּתְמַהְמֵהַּ, עִם כָּל זֶה אֲחַכֶּה לוֹ.

וִדּוּי

Confessing Our Sins

God has given us the privilege to come to Him and to ask for His forgiveness when we have sinned.

Even when we wander far from His teachings, God does not stop loving us. Like a father, He welcomes us when we return to Him.

Because He is God, He knows us in a way our fellow man does not. He is ready to pardon us and help us do better.

But we cannot expect God's forgiveness if we are not sorry, with all our heart, for our misdeeds.

אָשַׁמְנוּ

אָשַׁמְנוּ, בָּגַדְנוּ, גָּזַלְנוּ, דִּבַּרְנוּ דֹפִי, הֶעֱוִינוּ, וְהִרְשַׁעְנוּ, זַדְנוּ, חָמַסְנוּ, טָפַלְנוּ שֶׁקֶר, יָעַצְנוּ רָע, כִּזַּבְנוּ, לַצְנוּ, מָרַדְנוּ, נִאַצְנוּ, סָרַרְנוּ, עָוִינוּ, פָּשַׁעְנוּ, צָרַרְנוּ, קִשִּׁינוּ עֹרֶף, רָשַׁעְנוּ, שִׁחַתְנוּ, תִּעַבְנוּ, תָּעִינוּ, תִּעְתָּעְנוּ.

O God, consider what we are now, and not what we have been. We believe we are better persons for searching ourselves this day.

We are truly sorry for any wrongs we have committed, and we are aware that we must change some of our ways.

We ask your help, O Lord, as we try to change.

MUSAF SERVICE

עַל חֵטְא

עַל חֵטְא שֶׁחָטָאנוּ לְפָנֶיךָ בְּאֹנֶס וּבְרָצוֹן. וְעַל חֵטְא שֶׁחָטָאנוּ לְפָנֶיךָ בְּאִמּוּץ הַלֵּב. עַל חֵטְא שֶׁחָטָאנוּ לְפָנֶיךָ בְּדַעַת וּבְמִרְמָה. וְעַל חֵטְא שֶׁחָטָאנוּ לְפָנֶיךָ בְּדִבּוּר פֶּה.

וְעַל כֻּלָּם, אֱלוֹהַּ סְלִיחוֹת, סְלַח לָנוּ, מְחַל לָנוּ, כַּפֶּר לָנוּ.

עַל חֵטְא שֶׁחָטָאנוּ לְפָנֶיךָ בִּשְׁבוּעַת שָׁוְא. וְעַל חֵטְא שֶׁחָטָאנוּ לְפָנֶיךָ בְּשִׂנְאַת חִנָּם. עַל חֵטְא שֶׁחָטָאנוּ לְפָנֶיךָ בִּתְשׂוּמֶת יָד. וְעַל חֵטְא שֶׁחָטָאנוּ לְפָנֶיךָ בְּתִמְהוֹן לֵבָב.

וְעַל כֻּלָּם, אֱלוֹהַּ סְלִיחוֹת, סְלַח לָנוּ, מְחַל לָנוּ, כַּפֶּר לָנוּ.

Confessions

SUGGESTED BY "AL ḤET"

Forgive us, O God,
> *For the sin of being selfish,*
> *For the sin of being quick-tempered,*
> *For the sin of being envious,*
> *For the sin of being prejudiced,*
> *For the sin of being dishonest,*
> *For the sin of being ungrateful,*
> *For the sin of being spiteful,*
> *For the sin of being disobedient.*

For all these, O forgiving God, forgive us, pardon us, grant us atonement.

YOM KIPPUR

We pray for God's forgiveness.

ON SABBATH ADD THE WORDS IN BRACKETS:

אֱלֹהֵֽינוּ וֵאלֹהֵי אֲבוֹתֵֽינוּ [רְצֵה בִמְנוּחָתֵֽנוּ],
קַדְּשֵֽׁנוּ בְּמִצְוֹתֶֽיךָ וְתֵן חֶלְקֵֽנוּ בְּתוֹרָתֶֽךָ,
שַׂבְּעֵֽנוּ מִטּוּבֶֽךָ וְשַׂמְּחֵֽנוּ בִּישׁוּעָתֶֽךָ.
[וְהַנְחִילֵֽנוּ, יְיָ אֱלֹהֵֽינוּ, בְּאַהֲבָה וּבְרָצוֹן שַׁבַּת קָדְשֶֽׁךָ,
וְיָנֽוּחוּ בָהּ יִשְׂרָאֵל מְקַדְּשֵׁי שְׁמֶֽךָ.]
וְטַהֵר לִבֵּֽנוּ לְעָבְדְּךָ בֶּאֱמֶת,
כִּי אַתָּה סָלְחָן לְיִשְׂרָאֵל
וּמָחֳלָן לְשִׁבְטֵי יְשֻׁרוּן בְּכָל דּוֹר וָדוֹר,
וּמִבַּלְעָדֶֽיךָ אֵין לָֽנוּ מֶֽלֶךְ מוֹחֵל וְסוֹלֵֽחַ אֶלָּא אָֽתָּה.
בָּרוּךְ אַתָּה יְיָ,
מֶֽלֶךְ מוֹחֵל וְסוֹלֵֽחַ לַעֲוֹנוֹתֵֽינוּ וְלַעֲוֹנוֹת עַמּוֹ בֵּית יִשְׂרָאֵל,
וּמַעֲבִיר אַשְׁמוֹתֵֽינוּ בְּכָל שָׁנָה וְשָׁנָה,
מֶֽלֶךְ עַל כָּל הָאָֽרֶץ,
מְקַדֵּשׁ [הַשַּׁבָּת וְ]יִשְׂרָאֵל וְיוֹם הַכִּפֻּרִים.

May God look with favor upon us.

רְצֵה, יְיָ אֱלֹהֵֽינוּ, בְּעַמְּךָ יִשְׂרָאֵל וּבִתְפִלָּתָם. וְהָשֵׁב אֶת הָעֲבוֹדָה לִדְבִיר בֵּיתֶֽךָ, וְאִשֵּׁי יִשְׂרָאֵל וּתְפִלָּתָם בְּאַהֲבָה תְקַבֵּל בְּרָצוֹן, וּתְהִי לְרָצוֹן תָּמִיד עֲבוֹדַת יִשְׂרָאֵל עַמֶּֽךָ.

May we behold the return of God's glory to Zion.

וְתֶחֱזֶינָה עֵינֵינוּ בְּשׁוּבְךָ לְצִיּוֹן בְּרַחֲמִים. בָּרוּךְ אַתָּה יְיָ, הַמַּחֲזִיר שְׁכִינָתוֹ לְצִיּוֹן.

A Prayer of Gratitude to God מוֹדִים

מוֹדִים אֲנַחְנוּ לָךְ, שָׁאַתָּה הוּא יְיָ אֱלֹהֵינוּ וֵאלֹהֵי אֲבוֹתֵינוּ לְעוֹלָם וָעֶד. צוּר חַיֵּינוּ, מָגֵן יִשְׁעֵנוּ אַתָּה הוּא. לְדוֹר וָדוֹר נוֹדֶה לְךָ וּנְסַפֵּר תְּהִלָּתֶךָ, עַל חַיֵּינוּ הַמְּסוּרִים בְּיָדֶךָ, וְעַל נִשְׁמוֹתֵינוּ הַפְּקוּדוֹת לָךְ, וְעַל נִסֶּיךָ שֶׁבְּכָל יוֹם עִמָּנוּ, וְעַל נִפְלְאוֹתֶיךָ וְטוֹבוֹתֶיךָ שֶׁבְּכָל עֵת, עֶרֶב וָבֹקֶר וְצָהֳרָיִם. הַטּוֹב כִּי לֹא כָלוּ רַחֲמֶיךָ, וְהַמְרַחֵם כִּי לֹא תַמּוּ חֲסָדֶיךָ, מֵעוֹלָם קִוִּינוּ לָךְ.

We thank You, O Lord. You are the God of our fathers, and You are our God. O Rock of Strength, we offer thanks to You for all Your blessings: We thank you for our lives, for Your never-failing kindness, and for Your wondrous deeds—morning, noon, and night.

We will praise Your name forever.

וְעַל כֻּלָּם יִתְבָּרַךְ וְיִתְרוֹמַם שִׁמְךָ מַלְכֵּנוּ תָּמִיד לְעוֹלָם וָעֶד.

וּכְתוֹב לְחַיִּים טוֹבִים כָּל בְּנֵי בְרִיתֶךָ.

וְכֹל הַחַיִּים יוֹדוּךָ סֶּלָה, וִיהַלְלוּ אֶת שִׁמְךָ בֶּאֱמֶת, הָאֵל יְשׁוּעָתֵנוּ וְעֶזְרָתֵנוּ סֶלָה. בָּרוּךְ אַתָּה יְיָ, הַטּוֹב שִׁמְךָ וּלְךָ נָאֶה לְהוֹדוֹת.

בִּרְכַּת הַכֹּהֲנִים
The Priestly Blessing

אֱלֹהֵינוּ וֵאלֹהֵי אֲבוֹתֵינוּ, בָּרְכֵנוּ בַבְּרָכָה הַמְשֻׁלֶּשֶׁת בַּתּוֹרָה הַכְּתוּבָה עַל יְדֵי מֹשֶׁה עַבְדֶּךָ, הָאֲמוּרָה מִפִּי אַהֲרֹן וּבָנָיו כֹּהֲנִים, עַם קְדוֹשֶׁךָ, כָּאָמוּר:

CONGREGATION RESPONDS:

יְבָרֶכְךָ יְיָ וְיִשְׁמְרֶךָ.   כֵּן יְהִי רָצוֹן.

יָאֵר יְיָ פָּנָיו אֵלֶיךָ וִיחֻנֶּךָּ.   כֵּן יְהִי רָצוֹן.

יִשָּׂא יְיָ פָּנָיו אֵלֶיךָ וְיָשֵׂם לְךָ שָׁלוֹם.   כֵּן יְהִי רָצוֹן.

Our God and God of our fathers, bless us with the Torah's threefold blessing:
> The Lord bless you and guard you.
> The Lord cause His light to shine upon you
>   and be gracious unto you.
> The Lord look with favor upon you and grant you peace.

שִׂים שָׁלוֹם
A Prayer for Peace

שִׂים שָׁלוֹם, טוֹבָה וּבְרָכָה, חֵן וָחֶסֶד וְרַחֲמִים, עָלֵינוּ וְעַל כָּל יִשְׂרָאֵל עַמֶּךָ. בָּרְכֵנוּ אָבִינוּ, כֻּלָּנוּ כְּאֶחָד, בְּאוֹר פָּנֶיךָ. כִּי בְאוֹר פָּנֶיךָ נָתַתָּ לָּנוּ, יְיָ אֱלֹהֵינוּ, תּוֹרַת חַיִּים וְאַהֲבַת חֶסֶד, וּצְדָקָה וּבְרָכָה וְרַחֲמִים, וְחַיִּים וְשָׁלוֹם. וְטוֹב בְּעֵינֶיךָ לְבָרֵךְ אֶת עַמְּךָ יִשְׂרָאֵל בְּכָל עֵת וּבְכָל שָׁעָה בִּשְׁלוֹמֶךָ.

בְּסֵפֶר חַיִּים, בְּרָכָה וְשָׁלוֹם וּפַרְנָסָה טוֹבָה, נִזָּכֵר וְנִכָּתֵב לְפָנֶיךָ, אֲנַחְנוּ וְכָל עַמְּךָ בֵּית יִשְׂרָאֵל, לְחַיִּים טוֹבִים וּלְשָׁלוֹם. בָּרוּךְ אַתָּה יְיָ, עוֹשֵׂה הַשָּׁלוֹם.

O God, let peace and happiness reign in our midst. Bless us, O Father, with the light of Your spirit, for by that light, You have shown us a way of life that teaches kindness, righteousness, mercy, and peace.

May we and all Your children be inscribed in the book of life for a life of happiness and peace. Amen.

הַיּוֹם תְּאַמְּצֵנוּ

This Day Give Us Strength

CONGREGATION:	READER:
אָמֵן.	הַיּוֹם תְּאַמְּצֵנוּ
אָמֵן.	הַיּוֹם תְּבָרְכֵנוּ
אָמֵן.	הַיּוֹם תְּגַדְּלֵנוּ
אָמֵן.	הַיּוֹם תִּדְרְשֵׁנוּ לְטוֹבָה
אָמֵן.	הַיּוֹם תִּכְתְּבֵנוּ לְחַיִּים טוֹבִים
אָמֵן.	הַיּוֹם תְּקַבֵּל בְּרַחֲמִים וּבְרָצוֹן אֶת תְּפִלָּתֵנוּ
אָמֵן.	הַיּוֹם תִּשְׁמַע שַׁוְעָתֵנוּ
אָמֵן.	הַיּוֹם תִּתְמְכֵנוּ בִּימִין צִדְקֶךָ

YOM KIPPUR

This Day

*Give us strength,
And bless us this day;
Bring joy into our lives,
And remember us for good this day.*

> *Answer our prayers,
> And protect us this day;
> Guard our going out
> And our coming in this day.*

*Provide for our needs,
And care for us like a father this day;
Show us Your love,
And judge us not harshly this day.*

> *Be gentle with us,
> And forgive us this day;
> Light up our way,
> And draw us near to You this day.*

READER'S KADDISH MAY BE FOUND ON PAGE 187

אֵין כֵּאלֹהֵינוּ

אֵין כֵּאלֹהֵינוּ / אֵין כַּאדוֹנֵינוּ
אֵין כְּמַלְכֵּנוּ / אֵין כְּמוֹשִׁיעֵנוּ.
מִי כֵאלֹהֵינוּ / מִי כַאדוֹנֵינוּ
מִי כְמַלְכֵּנוּ / מִי כְמוֹשִׁיעֵנוּ.
נוֹדֶה לֵאלֹהֵינוּ / נוֹדֶה לַאדוֹנֵינוּ
נוֹדֶה לְמַלְכֵּנוּ / נוֹדֶה לְמוֹשִׁיעֵנוּ.
בָּרוּךְ אֱלֹהֵינוּ / בָּרוּךְ אֲדוֹנֵינוּ
בָּרוּךְ מַלְכֵּנוּ / בָּרוּךְ מוֹשִׁיעֵנוּ.
אַתָּה הוּא אֱלֹהֵינוּ / אַתָּה הוּא אֲדוֹנֵינוּ
אַתָּה הוּא מַלְכֵּנוּ / אַתָּה הוּא מוֹשִׁיעֵנוּ.
אַתָּה הוּא שֶׁהִקְטִירוּ אֲבוֹתֵינוּ לְפָנֶיךָ אֶת קְטֹרֶת הַסַּמִּים.

A fresh year opens in our lives today. Grant, O God, that this be a year of blessing for us, for our people, and for all mankind. Amen.

מִנְחָה לְיוֹם כִּפּוּר

Afternoon Service for Yom Kippur

MINḤAH ON YOM KIPPUR BEGINS WITH THE TORAH SERVICE

THE ARK IS OPENED

וַיְהִי בִּנְסֹעַ הָאָרֹן וַיֹּאמֶר מֹשֶׁה: קוּמָה יְיָ, וְיָפֻצוּ אֹיְבֶיךָ, וְיָנֻסוּ מְשַׂנְאֶיךָ מִפָּנֶיךָ. כִּי מִצִּיּוֹן תֵּצֵא תוֹרָה, וּדְבַר יְיָ מִירוּשָׁלָיִם. בָּרוּךְ שֶׁנָּתַן תּוֹרָה לְעַמּוֹ יִשְׂרָאֵל בִּקְדֻשָּׁתוֹ.

READER:

גַּדְּלוּ לַייָ אִתִּי, וּנְרוֹמְמָה שְׁמוֹ יַחְדָּו.

AS THE TORAH IS CARRIED, ALL CHANT:

לְךָ, יְיָ, הַגְּדֻלָּה וְהַגְּבוּרָה וְהַתִּפְאֶרֶת וְהַנֵּצַח וְהַהוֹד, כִּי כֹל בַּשָּׁמַיִם וּבָאָרֶץ; לְךָ, יְיָ, הַמַּמְלָכָה וְהַמִּתְנַשֵּׂא לְכֹל לְרֹאשׁ. רוֹמְמוּ יְיָ אֱלֹהֵינוּ, וְהִשְׁתַּחֲווּ לַהֲדֹם רַגְלָיו, קָדוֹשׁ הוּא. רוֹמְמוּ יְיָ אֱלֹהֵינוּ, וְהִשְׁתַּחֲווּ לְהַר קָדְשׁוֹ, כִּי קָדוֹשׁ יְיָ אֱלֹהֵינוּ.

THE TORAH BLESSINGS ARE FOUND ON PAGE 133.

THE TORAH READING

The Torah reading recalls one of the important ways in which the Jewish people has influenced civilization—teaching the need for men to keep themselves holy and pure. The verses below are drawn from Leviticus, Chapter 18.

וַיְדַבֵּר יְהוָה אֶל־מֹשֶׁה לֵּאמֹר׃ דַּבֵּר אֶל־בְּנֵי יִשְׂרָאֵל וְאָמַרְתָּ
אֲלֵהֶם אֲנִי יְהוָה אֱלֹהֵיכֶם׃ כְּמַעֲשֵׂה אֶרֶץ־מִצְרַיִם אֲשֶׁר
יְשַׁבְתֶּם־בָּהּ לֹא תַעֲשׂוּ וּכְמַעֲשֵׂה אֶרֶץ־כְּנַעַן אֲשֶׁר אֲנִי
מֵבִיא אֶתְכֶם שָׁמָּה לֹא תַעֲשׂוּ וּבְחֻקֹּתֵיהֶם לֹא תֵלֵכוּ׃ אֶת־
מִשְׁפָּטַי תַּעֲשׂוּ וְאֶת־חֻקֹּתַי תִּשְׁמְרוּ לָלֶכֶת בָּהֶם אֲנִי יְהוָה
אֱלֹהֵיכֶם׃ וּשְׁמַרְתֶּם אֶת־חֻקֹּתַי וְאֶת־מִשְׁפָּטַי אֲשֶׁר יַעֲשֶׂה
אֹתָם הָאָדָם וָחַי בָּהֶם אֲנִי יְהוָה׃

And the Lord spoke to Moses, saying: Speak to the children of Israel and tell them, I am the Lord your God. You shall not follow the practices of the land of Egypt, where you dwelt, nor shall you walk in the ways of the land of Canaan where I plan to bring you. You shall follow My rules and govern yourselves by My laws for I am the Lord your God. My rules and laws are meant to be lived by; I am the Lord.

WHEN THE TORAH IS RAISED, ALL RECITE:

וְזֹאת הַתּוֹרָה אֲשֶׁר שָׂם מֹשֶׁה לִפְנֵי בְּנֵי יִשְׂרָאֵל, עַל פִּי יְיָ
בְּיַד מֹשֶׁה.

THE HAFTARAH

FOR THE BLESSING BEFORE THE HAFTARAH, SEE PAGE 135

Jonah is best remembered as the prophet who was swallowed by a big fish and lived to tell about it. The story of Jonah, however, has important messages, too often overlooked.

Jonah's experiences taught the lesson that a person is responsible for his fellow human beings, even when they are different from him in their outlook and live a great distance from him. It is a man's duty to do all in his power to aid those who are in need of him. The book further teaches that God cares for all His creatures and does not despair of any.

The Book of Jonah (ABBREVIATED)

The word of the Lord came to Jonah, son of Amittai, saying: "Arise, go to the great city of Nineveh, and warn her, for the wickedness of her people has come up before Me."

But Jonah fled and went to Jaffa where he found a ship headed for Tarshish. He paid the fare and went aboard.

The Lord then hurled a furious wind over the sea and the ship was about to be broken by the storm. The sailors were frightened and each cried to his own god for help. To lighten the ship, they threw the cargo overboard. Then they cast lots to learn who was responsible for their misfortune, and the lot pointed to Jonah.

When the men learned from Jonah that he was running away from God's presence, they said: "What shall we do with you so that the sea may again be calm?" He replied: "Take me and throw me overboard, for I know that this great storm has come upon you because of me."

The men, however, rowed hard to get back to land. But they could not, for the sea continued to rage. Then, calling out to God that they wished to be forgiven for their deed, they threw Jonah into the waters. The sea grew calm.

Now the Lord caused a great fish to swallow Jonah, and Jonah remained inside the fish for three days.

Jonah prayed to the Lord for deliverance. And the Lord commanded the fish, and it threw Jonah out upon the dry land.

The Lord then spoke to Jonah and asked him a second time to proceed to Nineveh. Jonah did as he was commanded, journeying for three days until he came to the city.

There Jonah prophesied: "In forty days, Nineveh will be destroyed." But the people proclaimed a fast and, great and small alike, put on sackcloth. Even the king of Nineveh took off his royal robe, dressed in sackcloth and sat in ashes. And he ordered his people to turn from their evil ways in the hope that God would relent.

When God saw how the people of Nineveh turned from their wicked ways, He decided to change His plan to destroy the city.

This distressed Jonah and angered him. And he prayed: "O Lord, this is precisely what I thought would happen and explains why I tried to run away to Tarshish. I knew You were a gracious and merciful God."

Jonah left Nineveh, made himself a booth just outside the city, and waited to see what would happen. The Lord, meanwhile, made a gourd grow up over Jonah to shade his head, and Jonah was pleased.

But next morning, God sent a worm to attack the gourd and it perished. The sun rose and beat upon Jonah's head till he felt faint.

Jonah prayed for death. And God said to him: "Are you right in being angry about the gourd?" Jonah replied: "I am angry enough to want to die."

And the Lord said: "You took pity on the gourd, which you did not raise; it sprang up overnight and perished overnight. Shall I not spare the great city of Nineveh, with its thousands of innocent human beings and its cattle?"

Returning the Torah to the Ark

THE READER TAKES THE TORAH AND CHANTS:

יְהַלְלוּ אֶת שֵׁם יְיָ, כִּי נִשְׂגָּב שְׁמוֹ לְבַדּוֹ.

THE CONGREGATION RESPONDS:

הוֹדוֹ עַל אֶרֶץ וְשָׁמָיִם, וַיָּרֶם קֶרֶן לְעַמּוֹ, תְּהִלָּה לְכָל חֲסִידָיו, לִבְנֵי יִשְׂרָאֵל עַם קְרוֹבוֹ, הַלְלוּיָהּ.

WHEN THE TORAH IS RETURNED TO THE ARK,
READER AND CONGREGATION SAY:

וּבְנֻחֹה יֹאמַר: שׁוּבָה, יְיָ, רִבְבוֹת אַלְפֵי יִשְׂרָאֵל. קוּמָה יְיָ לִמְנוּחָתֶךָ, אַתָּה וַאֲרוֹן עֻזֶּךָ. כֹּהֲנֶיךָ יִלְבְּשׁוּ צֶדֶק, וַחֲסִידֶיךָ יְרַנֵּנוּ. בַּעֲבוּר דָּוִד עַבְדֶּךָ, אַל תָּשֵׁב פְּנֵי מְשִׁיחֶךָ. כִּי לֶקַח טוֹב נָתַתִּי לָכֶם, תּוֹרָתִי אַל תַּעֲזֹבוּ.

עֵץ חַיִּים הִיא לַמַּחֲזִיקִים בָּהּ, וְתֹמְכֶיהָ מְאֻשָּׁר. דְּרָכֶיהָ דַרְכֵי נֹעַם, וְכָל נְתִיבוֹתֶיהָ שָׁלוֹם. הֲשִׁיבֵנוּ יְיָ אֵלֶיךָ וְנָשׁוּבָה, חַדֵּשׁ יָמֵינוּ כְּקֶדֶם.

AFTERNOON SERVICE

The Torah is a tree of life to all who live by it.
And those who uphold it are blessed.
Its ways are ways of pleasantness,
And its paths are paths of peace.
Turn us unto You, O Lord,
And we shall return.
Renew our glory as in days of old.

THE ARK IS CLOSED

חֲצִי קַדִּישׁ

Reader's Kaddish

יִתְגַּדַּל וְיִתְקַדַּשׁ שְׁמֵהּ רַבָּא. בְּעָלְמָא דִּי בְרָא כִרְעוּתֵהּ
וְיַמְלִיךְ מַלְכוּתֵהּ, בְּחַיֵּיכוֹן וּבְיוֹמֵיכוֹן וּבְחַיֵּי דְכָל בֵּית יִשְׂרָאֵל,
בַּעֲגָלָא וּבִזְמַן קָרִיב, וְאִמְרוּ אָמֵן.

CONGREGATION AND READER RESPOND:

יְהֵא שְׁמֵהּ רַבָּא מְבָרַךְ לְעָלַם וּלְעָלְמֵי עָלְמַיָּא.

READER:

יִתְבָּרַךְ וְיִשְׁתַּבַּח, וְיִתְפָּאַר וְיִתְרוֹמַם, וְיִתְנַשֵּׂא וְיִתְהַדַּר,
וְיִתְעַלֶּה וְיִתְהַלָּל שְׁמֵהּ דְּקֻדְשָׁא—

CONGREGATION AND READER RESPOND:

בְּרִיךְ הוּא.

לְעֵלָּא וּלְעֵלָּא מִן כָּל בִּרְכָתָא וְשִׁירָתָא, תֻּשְׁבְּחָתָא וְנֶחֱמָתָא,
דַּאֲמִירָן בְּעָלְמָא, וְאִמְרוּ אָמֵן.

THE AMIDAH IS NOW RECITED.

IT MAY CONSIST OF THE READINGS ON PAGES 115–116, 119–125.

THE SERVICE CONTINUES:

עַל חֵטְא

The Confessional

עַל חֵטְא שֶׁחָטָאנוּ לְפָנֶיךָ בְּחֹזֶק יָד. וְעַל חֵטְא שֶׁחָטָאנוּ לְפָנֶיךָ בְּחִלּוּל הַשֵּׁם. עַל חֵטְא שֶׁחָטָאנוּ לְפָנֶיךָ בְּטֻמְאַת שְׂפָתָיִם. וְעַל חֵטְא שֶׁחָטָאנוּ לְפָנֶיךָ בְּטִפְשׁוּת פֶּה.

וְעַל כֻּלָּם, אֱלוֹהַּ סְלִיחוֹת, סְלַח לָנוּ, מְחַל לָנוּ, כַּפֶּר לָנוּ.

עַל חֵטְא שֶׁחָטָאנוּ לְפָנֶיךָ בְּלָצוֹן. וְעַל חֵטְא שֶׁחָטָאנוּ לְפָנֶיךָ בְּלָשׁוֹן הָרָע. עַל חֵטְא שֶׁחָטָאנוּ לְפָנֶיךָ בְּשִׂיחַ שִׂפְתוֹתֵינוּ. וְעַל חֵטְא שֶׁחָטָאנוּ לְפָנֶיךָ בְּשִׂקּוּר עָיִן.

וְעַל כֻּלָּם, אֱלוֹהַּ סְלִיחוֹת, סְלַח לָנוּ, מְחַל לָנוּ, כַּפֶּר לָנוּ.

We have sinned.
We have turned away from the Torah's teachings.
We have spoken untruths.
We have gossipped.
We have said "no" when we should have said "yes".
We have failed to assist those in need of our help.
We have strayed from the path of goodness.

Let Us Improve Ourselves

A MEDITATION INSPIRED BY "AL ḤET"

Let us be forgiving, even as we want others to be forgiving.
Let us speak the truth, even as we want others to speak the truth.
Let us be fair, even as we want others to be fair.
Let us be understanding, even as we want others to be understanding.
Let us think well of others, even as we want others to think well of us.
Let us be friendly, even as we want others to be friendly.
Let us be patient, even as we want others to be patient.

ADDITIONAL READINGS:

    HOW TO SERVE GOD   PAGE 95

    SEEK GOD   PAGE 99

    NO MAN IS PERFECT   PAGE 150

READER'S KADDISH MAY BE FOUND ON PAGE 187

נְעִילָה

Closing Service

Meditations Before Ne'ilah

As the darkness gathers, our hearts are filled with hope that the new year will be one of blessing, goodness, and peace for us and for all mankind.

During these holy days, we have tried to search ourselves honestly. We have come to realize how wide the gap is between what we are and what God wants us to be. We pray that God will help us come closer to fulfilling His hopes for us.

May He be our strength and Guide forever.

So much of life is a mystery.
Why do we have pain? Why is there death?
Why are some people blessed with good fortune and others not?
Everything God does has its reason, though the reason is not always known to man.
We cannot expect to understand fully the ways of God.
Even the wisest of men cannot altogether explain them.

But this we do know: God loves us.
He created man and has a plan for him.

Because God loves us, we have faith in Him and in His plan.

אַשְׁרֵי

אַשְׁרֵי יוֹשְׁבֵי בֵיתֶךָ, עוֹד יְהַלְלוּךָ סֶּלָה.
אַשְׁרֵי הָעָם שֶׁכָּכָה לּוֹ, אַשְׁרֵי הָעָם שֶׁיְיָ אֱלֹהָיו.
תְּהִלָּה לְדָוִד
אֲרוֹמִמְךָ, אֱלוֹהַי הַמֶּלֶךְ, וַאֲבָרְכָה שִׁמְךָ לְעוֹלָם וָעֶד.
בְּכָל יוֹם אֲבָרְכֶךָּ, וַאֲהַלְלָה שִׁמְךָ לְעוֹלָם וָעֶד.
גָּדוֹל יְיָ וּמְהֻלָּל מְאֹד, וְלִגְדֻלָּתוֹ אֵין חֵקֶר.
דּוֹר לְדוֹר יְשַׁבַּח מַעֲשֶׂיךָ, וּגְבוּרֹתֶיךָ יַגִּידוּ.
הֲדַר כְּבוֹד הוֹדֶךָ וְדִבְרֵי נִפְלְאֹתֶיךָ אָשִׂיחָה.
וֶעֱזוּז נוֹרְאוֹתֶיךָ יֹאמֵרוּ, וּגְדֻלָּתְךָ אֲסַפְּרֶנָּה.
זֵכֶר רַב טוּבְךָ יַבִּיעוּ, וְצִדְקָתְךָ יְרַנֵּנוּ.
חַנּוּן וְרַחוּם יְיָ, אֶרֶךְ אַפַּיִם וּגְדָל חָסֶד.
טוֹב יְיָ לַכֹּל, וְרַחֲמָיו עַל כָּל מַעֲשָׂיו.
יוֹדוּךָ יְיָ כָּל מַעֲשֶׂיךָ, וַחֲסִידֶיךָ יְבָרְכוּכָה.
כְּבוֹד מַלְכוּתְךָ יֹאמֵרוּ, וּגְבוּרָתְךָ יְדַבֵּרוּ.
לְהוֹדִיעַ לִבְנֵי הָאָדָם גְּבוּרֹתָיו, וּכְבוֹד הֲדַר מַלְכוּתוֹ.
מַלְכוּתְךָ מַלְכוּת כָּל עֹלָמִים, וּמֶמְשַׁלְתְּךָ בְּכָל דּוֹר וָדֹר.
סוֹמֵךְ יְיָ לְכָל הַנֹּפְלִים, וְזוֹקֵף לְכָל הַכְּפוּפִים.
עֵינֵי כֹל אֵלֶיךָ יְשַׂבֵּרוּ, וְאַתָּה נוֹתֵן לָהֶם אֶת אָכְלָם בְּעִתּוֹ.
פּוֹתֵחַ אֶת יָדֶךָ, וּמַשְׂבִּיעַ לְכָל חַי רָצוֹן.
צַדִּיק יְיָ בְּכָל דְּרָכָיו, וְחָסִיד בְּכָל מַעֲשָׂיו.

קָרוֹב יְיָ לְכָל קֹרְאָיו, לְכֹל אֲשֶׁר יִקְרָאֻהוּ בֶאֱמֶת.
רְצוֹן יְרֵאָיו יַעֲשֶׂה, וְאֶת שַׁוְעָתָם יִשְׁמַע וְיוֹשִׁיעֵם.
שׁוֹמֵר יְיָ אֶת כָּל אֹהֲבָיו, וְאֵת כָּל הָרְשָׁעִים יַשְׁמִיד.
תְּהִלַּת יְיָ יְדַבֶּר פִּי, וִיבָרֵךְ כָּל בָּשָׂר שֵׁם קָדְשׁוֹ לְעוֹלָם וָעֶד.
וַאֲנַחְנוּ נְבָרֵךְ יָהּ, מֵעַתָּה וְעַד עוֹלָם, הַלְלוּיָהּ.

Blessed are they who dwell in Your House,
For they will sing Your praises forever.

>Blessed are they who place their hope in You,
>And have faith in You at all times.

For You are mighty and great, O God,
Greater than man can possibly understand.

>Your wisdom has no equal,
>And Your miracles and wonders never cease.

You show mercy to all Your creatures,
Great and small alike.

>You were God even before the universe began,
>And You will be God for all time.

You open Your hand to satisfy our needs,
You are near when we call upon You sincerely.

>We praise You, O Lord our God,
>And we will praise You forever.

Halleluyah!

בָּרוּךְ אֱלֹהֵינוּ

בָּרוּךְ אֱלֹהֵינוּ שֶׁבְּרָאָנוּ לִכְבוֹדוֹ וְהִבְדִּילָנוּ מִן הַתּוֹעִים
וְנָתַן לָנוּ תּוֹרַת אֱמֶת וְחַיֵּי עוֹלָם נָטַע בְּתוֹכֵנוּ.

CLOSING SERVICE

We put our trust in God

בָּרוּךְ הַגֶּבֶר אֲשֶׁר יִבְטַח בַּייָ, וְהָיָה יְיָ מִבְטַחוֹ. בִּטְחוּ בַייָ עֲדֵי עַד, כִּי בְּיָהּ יְיָ צוּר עוֹלָמִים. וְיִבְטְחוּ בְךָ יוֹדְעֵי שְׁמֶךָ, כִּי לֹא עָזַבְתָּ דֹרְשֶׁיךָ, יְיָ. יְיָ חָפֵץ לְמַעַן צִדְקוֹ, יַגְדִּיל תּוֹרָה וְיַאְדִּיר.

חֲצִי קַדִּישׁ

Reader's Kaddish

יִתְגַּדַּל וְיִתְקַדַּשׁ שְׁמֵהּ רַבָּא. בְּעָלְמָא דִּי בְרָא כִרְעוּתֵהּ וְיַמְלִיךְ מַלְכוּתֵהּ, בְּחַיֵּיכוֹן וּבְיוֹמֵיכוֹן וּבְחַיֵּי דְכָל בֵּית יִשְׂרָאֵל, בַּעֲגָלָא וּבִזְמַן קָרִיב, וְאִמְרוּ אָמֵן.

CONGREGATION AND READER RESPOND:

יְהֵא שְׁמֵהּ רַבָּא מְבָרַךְ לְעָלַם וּלְעָלְמֵי עָלְמַיָּא.

READER:

יִתְבָּרַךְ וְיִשְׁתַּבַּח, וְיִתְפָּאַר וְיִתְרוֹמַם, וְיִתְנַשֵּׂא וְיִתְהַדַּר, וְיִתְעַלֶּה וְיִתְהַלַּל שְׁמֵהּ דְּקֻדְשָׁא –

CONGREGATION AND READER RESPOND:

בְּרִיךְ הוּא.

לְעֵלָּא וּלְעֵלָּא מִן כָּל בִּרְכָתָא וְשִׁירָתָא, תֻּשְׁבְּחָתָא וְנֶחֱמָתָא, דַּאֲמִירָן בְּעָלְמָא, וְאִמְרוּ אָמֵן.

The Light of God's Presence

A MEDITATION

Evening shadows grow longer. Soon the sun will dip below the horizon, and the holiest of all holy days of the year will come to an end. In the gathering darkness, we think of light.

In the beginning, God created light.
Light brightened the world,
And light led and protected our people in the wilderness.
Light blazed on Sinai at the giving of the Torah,
And light rested over the Tabernacle in the desert.
Light filled the holy Temple in Jerusalem,
And light has burned for many long centuries in the Synagogue.
Light has welcomed our holy days,
And light helps us remember our departed ones.

We remember the words of the prophet:
  Arise, shine, for your light has come and the glory of God is upon you.

We recall the faith of the psalmist:
  The Lord is my light and my deliverance; of whom shall I be afraid?

And we pray:
  May our lives be filled with the light of God's presence.

עֲמִידָה

The Amidah

We praise God, the God of our fathers. He has been our shield since the days of Abraham. In His mercy, He grants us life and strength. May He seal our names in the Book of Life.

בָּרוּךְ אַתָּה יְיָ, אֱלֹהֵינוּ וֵאלֹהֵי אֲבוֹתֵינוּ, אֱלֹהֵי אַבְרָהָם אֱלֹהֵי יִצְחָק וֵאלֹהֵי יַעֲקֹב. הָאֵל הַגָּדוֹל הַגִּבּוֹר וְהַנּוֹרָא, אֵל עֶלְיוֹן, גּוֹמֵל חֲסָדִים טוֹבִים, וְקוֹנֵה הַכֹּל, וְזוֹכֵר חַסְדֵי אָבוֹת, וּמֵבִיא גוֹאֵל לִבְנֵי בְנֵיהֶם לְמַעַן שְׁמוֹ בְּאַהֲבָה.

זָכְרֵנוּ לְחַיִּים, מֶלֶךְ חָפֵץ בַּחַיִּים, וְחָתְמֵנוּ בְּסֵפֶר הַחַיִּים, לְמַעַנְךָ אֱלֹהִים חַיִּים.

מֶלֶךְ עוֹזֵר וּמוֹשִׁיעַ וּמָגֵן. בָּרוּךְ אַתָּה יְיָ, מָגֵן אַבְרָהָם.

אַתָּה גִּבּוֹר לְעוֹלָם, יְיָ. מְחַיֵּה מֵתִים אַתָּה, רַב לְהוֹשִׁיעַ.

מְכַלְכֵּל חַיִּים בְּחֶסֶד, מְחַיֵּה מֵתִים בְּרַחֲמִים רַבִּים. סוֹמֵךְ נוֹפְלִים, וְרוֹפֵא חוֹלִים, וּמַתִּיר אֲסוּרִים. וּמְקַיֵּם אֱמוּנָתוֹ לִישֵׁנֵי עָפָר. מִי כָמוֹךָ בַּעַל גְּבוּרוֹת, וּמִי דּוֹמֶה לָּךְ. מֶלֶךְ מֵמִית וּמְחַיֶּה, וּמַצְמִיחַ יְשׁוּעָה.

מִי כָמוֹךָ אַב הָרַחֲמִים, זוֹכֵר יְצוּרָיו לְחַיִּים בְּרַחֲמִים.

וְנֶאֱמָן אַתָּה לְהַחֲיוֹת מֵתִים. בָּרוּךְ אַתָּה יְיָ, מְחַיֵּה הַמֵּתִים.

שְׁמַע נָא, סְלַח נָא הַיּוֹם, עֲבוּר כִּי פָנָה יוֹם,
וּנְהַלֶּלְךָ נוֹרָא וְאָיוֹם, קָדוֹשׁ.

וּבְכֵן וּלְךָ תַעֲלֶה קְדֻשָּׁה, כִּי אַתָּה אֱלֹהֵינוּ מֶלֶךְ מוֹחֵל וְסוֹלֵחַ.

קְדֻשָּׁה

A Prayer Glorifying God's Holiness

קָדוֹשׁ, קָדוֹשׁ, קָדוֹשׁ, יְיָ צְבָאוֹת.
מְלֹא כָל הָאָרֶץ כְּבוֹדוֹ.
כְּבוֹדוֹ מָלֵא עוֹלָם. מְשָׁרְתָיו שׁוֹאֲלִים זֶה לָזֶה, אַיֵּה מְקוֹם
כְּבוֹדוֹ. לְעֻמָּתָם בָּרוּךְ יֹאמֵרוּ:
בָּרוּךְ כְּבוֹד יְיָ מִמְּקוֹמוֹ.
מִמְּקוֹמוֹ הוּא יִפֶן בְּרַחֲמִים, וְיָחֹן עַם הַמְיַחֲדִים שְׁמוֹ, עֶרֶב
וָבֹקֶר בְּכָל יוֹם תָּמִיד, פַּעֲמַיִם בְּאַהֲבָה שְׁמַע אוֹמְרִים:
שְׁמַע יִשְׂרָאֵל, יְיָ אֱלֹהֵינוּ, יְיָ אֶחָד.
הוּא אֱלֹהֵינוּ, הוּא אָבִינוּ, הוּא מַלְכֵּנוּ, הוּא מוֹשִׁיעֵנוּ. וְהוּא
יַשְׁמִיעֵנוּ בְּרַחֲמָיו שֵׁנִית לְעֵינֵי כָּל חָי, לִהְיוֹת לָכֶם לֵאלֹהִים.
אֲנִי יְיָ אֱלֹהֵיכֶם.
וּבְדִבְרֵי קָדְשְׁךָ כָּתוּב לֵאמֹר:
יִמְלֹךְ יְיָ לְעוֹלָם, אֱלֹהַיִךְ צִיּוֹן לְדֹר וָדֹר, הַלְלוּיָהּ.

CLOSING SERVICE

God alone is the Lord

קָדוֹשׁ אַתָּה וְנוֹרָא שְׁמֶךָ וְאֵין אֱלוֹהַּ מִבַּלְעָדֶיךָ, כַּכָּתוּב:
וַיִּגְבַּהּ יְיָ צְבָאוֹת בַּמִּשְׁפָּט וְהָאֵל הַקָּדוֹשׁ נִקְדַּשׁ בִּצְדָקָה.
בָּרוּךְ אַתָּה יְיָ, הַמֶּלֶךְ הַקָּדוֹשׁ.

פְּתַח לָנוּ שַׁעַר

Open the Gates of Forgiveness

פְּתַח לָנוּ שַׁעַר, בְּעֵת נְעִילַת שַׁעַר, כִּי פָנָה יוֹם.
הַיּוֹם יִפְנֶה, הַשֶּׁמֶשׁ יָבֹא וְיִפְנֶה, נָבוֹאָה שְׁעָרֶיךָ.
אָנָּא אֵל נָא, שָׂא נָא, סְלַח נָא, מְחַל נָא, חֲמָל נָא, רַחֵם נָא,
כַּפֶּר נָא, כְּבוֹשׁ חֵטְא וְעָוֹן.

Our Father, standing before You in these final moments of Yom Kippur, we pray that You will open the gates of forgiveness. Accept our prayers. Be with us as we try to make a new beginning in our lives. Help us this new year to become stronger, wiser, and nobler.

יְיָ יְיָ

Adonai Adonai

יְיָ יְיָ, אֵל רַחוּם וְחַנּוּן, אֶרֶךְ אַפַּיִם, וְרַב חֶסֶד וֶאֱמֶת. נֹצֵר
חֶסֶד לָאֲלָפִים, נֹשֵׂא עָוֹן וָפֶשַׁע וְחַטָּאָה, וְנַקֵּה. וְסָלַחְתָּ
לַעֲוֹנֵנוּ וּלְחַטָּאתֵנוּ וּנְחַלְתָּנוּ.

Grant Us Atonement / סְלַח לָנוּ

סְלַח לָנוּ אָבִינוּ כִּי חָטָאנוּ, מְחַל לָנוּ מַלְכֵּנוּ כִּי פָשָׁעְנוּ.
כִּי אַתָּה, אֲדֹנָי, טוֹב וְסַלָּח וְרַב חֶסֶד לְכָל קוֹרְאֶיךָ.

A MEDITATION

Open our eyes, O Lord,
    That we may behold Your goodness.
Open our minds, O Lord,
    That we may understand the teachings of Your Torah.
Open our hearts, O Lord,
    That we may feel Your constant nearness and love.
Bless us and guard us, O Lord,
    And grant us Your mercy.

Remember the Covenant, O God / זְכוֹר בְּרִית

זְכוֹר בְּרִית אַבְרָהָם וַעֲקֵדַת יִצְחָק,
וְהָשֵׁב שְׁבוּת אָהֳלֵי יַעֲקֹב,
וְהוֹשִׁיעֵנוּ לְמַעַן שְׁמֶךָ.
גּוֹאֵל חָזָק לְמַעַנְךָ פְּדֵנוּ, רְאֵה כִּי אָזְלַת יָדֵנוּ,
שׁוּר כִּי אָבְדוּ חֲסִידֵינוּ, מַפְגִּיעַ אֵין בַּעֲדֵנוּ,
וְשׁוּב בְּרַחֲמִים עַל שְׁאֵרִית יִשְׂרָאֵל,
וְהוֹשִׁיעֵנוּ לְמַעַן שְׁמֶךָ.

Remember the covenant of Abraham, O God,
And remember the binding of Isaac.
Return the homeless sons of Jacob,
And deliver us all for Your name's sake.

רַחֵם נָא
Redeem Us, O Protecting God

רַחֵם נָא קְהַל עֲדַת יְשֻׁרוּן, סְלַח וּמְחַל עֲוֺנָם,
וְהוֹשִׁיעֵנוּ אֱלֹהֵי יִשְׁעֵנוּ.
שַׁעֲרֵי שָׁמַיִם פְּתַח, וְאוֹצָרְךָ הַטּוֹב לָנוּ תִפְתַּח,
תּוֹשִׁיעַ וְרִיב אַל תִּמְתַּח, וְהוֹשִׁיעֵנוּ אֱלֹהֵי יִשְׁעֵנוּ.

כִּי אָנוּ עַמֶּךָ
We Are Your People

אֱלֹהֵינוּ וֵאלֹהֵי אֲבוֹתֵינוּ, סְלַח לָנוּ, מְחַל לָנוּ, כַּפֶּר לָנוּ.
כִּי אָנוּ עַמֶּךָ, וְאַתָּה אֱלֹהֵינוּ / אָנוּ בָנֶיךָ, וְאַתָּה אָבִינוּ.
אָנוּ עֲבָדֶיךָ, וְאַתָּה אֲדוֹנֵנוּ / אָנוּ קְהָלֶךָ, וְאַתָּה חֶלְקֵנוּ.
אָנוּ נַחֲלָתֶךָ, וְאַתָּה גוֹרָלֵנוּ / אָנוּ צֹאנֶךָ, וְאַתָּה רוֹעֵנוּ.
אָנוּ כַרְמֶךָ, וְאַתָּה נוֹטְרֵנוּ / אָנוּ פְעֻלָּתֶךָ, וְאַתָּה יוֹצְרֵנוּ.
אָנוּ רַעְיָתֶךָ, וְאַתָּה דוֹדֵנוּ / אָנוּ סְגֻלָּתֶךָ, וְאַתָּה קְרוֹבֵנוּ.
אָנוּ עַמֶּךָ, וְאַתָּה מַלְכֵּנוּ / אָנוּ מַאֲמִירֶיךָ, וְאַתָּה מַאֲמִירֵנוּ.

We are Your people
And You our God.
We are Your followers
And You our Leader.
We are Your flock
And You our Shepherd.

We are Your vineyard
And You our Keeper.
We are Your children
And You our Father.
We are Your pupils
And You our Teacher.

We are Your loved ones
And You our everlasting Friend.

YOM KIPPUR 180

אָשַׁמְנוּ

We confess our sins and seek to be at-one with God.

אָשַׁמְנוּ, בָּגַדְנוּ, גָּזַלְנוּ, דִּבַּרְנוּ דֹפִי, הֶעֱוִינוּ, וְהִרְשַׁעְנוּ, זַדְנוּ, חָמַסְנוּ, טָפַלְנוּ שֶׁקֶר, יָעַצְנוּ רָע, כִּזַּבְנוּ, לַצְנוּ, מָרַדְנוּ, נִאַצְנוּ, סָרַרְנוּ, עָוִינוּ, פָּשַׁעְנוּ, צָרַרְנוּ, קִשִּׁינוּ עֹרֶף, רָשַׁעְנוּ, שִׁחַתְנוּ, תִּעַבְנוּ, תָּעִינוּ, תִּעְתָּעְנוּ.

We have often strayed from the path of right. We have been selfish. Our actions have not matched our promises to do good. We have taken our many blessings for granted, and we have not always been kind to those who love us and care for us.

Help us, O God. Teach us to control our evil impulses. Lead us toward good deeds and a nobler life. Keep us on the path of right throughout the new year. Amen.

God knows our innermost thoughts.

מַה נֹּאמַר לְפָנֶיךָ, יוֹשֵׁב מָרוֹם, וּמַה נְּסַפֵּר לְפָנֶיךָ, שׁוֹכֵן שְׁחָקִים. הֲלֹא כָּל הַנִּסְתָּרוֹת וְהַנִּגְלוֹת אַתָּה יוֹדֵעַ.

What are we? What is man?

מָה אָנוּ, מֶה חַיֵּינוּ, מֶה חַסְדֵּנוּ, מַה צִּדְקֵנוּ, מַה יְּשׁוּעָתֵנוּ, מַה כֹּחֵנוּ, מַה גְּבוּרָתֵנוּ. מַה נֹּאמַר לְפָנֶיךָ, יְיָ אֱלֹהֵינוּ וֵאלֹהֵי אֲבוֹתֵינוּ, הֲלֹא כָּל הַגִּבּוֹרִים כְּאַיִן לְפָנֶיךָ, וְאַנְשֵׁי הַשֵּׁם כְּלֹא הָיוּ, וַחֲכָמִים כִּבְלִי מַדָּע, וּנְבוֹנִים כִּבְלִי הַשְׂכֵּל, כִּי רֹב מַעֲשֵׂיהֶם תֹּהוּ, וִימֵי חַיֵּיהֶם הֶבֶל לְפָנֶיךָ, וּמוֹתַר הָאָדָם מִן הַבְּהֵמָה אָיִן, כִּי הַכֹּל הָבֶל.

CLOSING SERVICE

What Is Man?

A MEDITATION

What is man?
And why is God concerned with him?

"Man is the glory of God," said the Rabbis;
The jewel of all His creations.

"Man is but a little lower than the angels," said the Psalmist;
God's partner in fashioning the universe.

"He was created in God's image," says the Torah;
A divine spark glows within him.

Man must therefore try to be like God;
He must strive for the qualities of his Creator:

As God is merciful,
    So should man be merciful.

As God is forgiving,
    So should man be forgiving.

As God is kind,
    So should man be kind.

Man should put his trust in God,
For God has placed His trust in man.

מֶלֶךְ עַל כָּל הָאָרֶץ

ON SABBATH ADD THE WORDS IN BRACKETS:

אֱלֹהֵינוּ וֵאלֹהֵי אֲבוֹתֵינוּ [רְצֵה בִמְנוּחָתֵנוּ], קַדְּשֵׁנוּ בְּמִצְוֹתֶיךָ וְתֵן חֶלְקֵנוּ בְּתוֹרָתֶךָ, שַׂבְּעֵנוּ מִטּוּבֶךָ וְשַׂמְּחֵנוּ בִּישׁוּעָתֶךָ. [וְהַנְחִילֵנוּ, יְיָ אֱלֹהֵינוּ, בְּאַהֲבָה וּבְרָצוֹן שַׁבַּת קָדְשֶׁךָ, וְיָנוּחוּ בָהּ יִשְׂרָאֵל מְקַדְּשֵׁי שְׁמֶךָ] וְטַהֵר לִבֵּנוּ לְעָבְדְךָ בֶּאֱמֶת, כִּי אַתָּה סָלְחָן לְיִשְׂרָאֵל וּמָחֳלָן לְשִׁבְטֵי יְשֻׁרוּן בְּכָל דּוֹר וָדוֹר, וּמִבַּלְעָדֶיךָ אֵין לָנוּ מֶלֶךְ מוֹחֵל וְסוֹלֵחַ אֶלָּא אָתָּה. בָּרוּךְ אַתָּה יְיָ, מֶלֶךְ מוֹחֵל וְסוֹלֵחַ לַעֲוֹנוֹתֵינוּ וְלַעֲוֹנוֹת עַמּוֹ בֵּית יִשְׂרָאֵל, וּמַעֲבִיר אַשְׁמוֹתֵינוּ בְּכָל שָׁנָה וְשָׁנָה, מֶלֶךְ עַל כָּל הָאָרֶץ, מְקַדֵּשׁ [הַשַּׁבָּת וְ]יִשְׂרָאֵל וְיוֹם הַכִּפֻּרִים.

May God look with favor upon us.

רְצֵה, יְיָ אֱלֹהֵינוּ, בְּעַמְּךָ יִשְׂרָאֵל וּבִתְפִלָּתָם. וְהָשֵׁב אֶת הָעֲבוֹדָה לִדְבִיר בֵּיתֶךָ, וְאִשֵּׁי יִשְׂרָאֵל וּתְפִלָּתָם בְּאַהֲבָה תְקַבֵּל בְּרָצוֹן, וּתְהִי לְרָצוֹן תָּמִיד עֲבוֹדַת יִשְׂרָאֵל עַמֶּךָ.

May we behold the return of God's glory to Zion.

וְתֶחֱזֶינָה עֵינֵינוּ בְּשׁוּבְךָ לְצִיּוֹן בְּרַחֲמִים. בָּרוּךְ אַתָּה יְיָ, הַמַּחֲזִיר שְׁכִינָתוֹ לְצִיּוֹן.

מוֹדִים

A Prayer of Gratitude to God

מוֹדִים אֲנַחְנוּ לָךְ, שָׁאַתָּה הוּא יְיָ אֱלֹהֵינוּ וֵאלֹהֵי אֲבוֹתֵינוּ לְעוֹלָם וָעֶד. צוּר חַיֵּינוּ, מָגֵן יִשְׁעֵנוּ אַתָּה הוּא. לְדוֹר וָדוֹר נוֹדֶה לְךָ וּנְסַפֵּר תְּהִלָּתֶךָ, עַל חַיֵּינוּ הַמְּסוּרִים בְּיָדֶךָ, וְעַל נִשְׁמוֹתֵינוּ הַפְּקוּדוֹת לָךְ, וְעַל נִסֶּיךָ שֶׁבְּכָל יוֹם עִמָּנוּ, וְעַל נִפְלְאוֹתֶיךָ וְטוֹבוֹתֶיךָ שֶׁבְּכָל עֵת, עֶרֶב וָבֹקֶר וְצָהֳרָיִם. הַטּוֹב כִּי לֹא כָלוּ רַחֲמֶיךָ, וְהַמְרַחֵם כִּי לֹא תַמּוּ חֲסָדֶיךָ, מֵעוֹלָם קִוִּינוּ לָךְ.

We thank You, O Lord. You are the God of our fathers, and You are our God. O Rock of Strength, we offer thanks to You for all Your blessings: We thank You for our lives, for Your never-failing kindness, and for Your wondrous deeds —morning, noon, and night.

We will praise Your name forever.

וְעַל כֻּלָּם יִתְבָּרַךְ וְיִתְרוֹמַם שִׁמְךָ מַלְכֵּנוּ תָּמִיד לְעוֹלָם וָעֶד. וַחֲתוֹם לְחַיִּים טוֹבִים כָּל בְּנֵי בְרִיתֶךָ.

וְכֹל הַחַיִּים יוֹדוּךָ סֶּלָה, וִיהַלְלוּ אֶת שִׁמְךָ בֶּאֱמֶת, הָאֵל יְשׁוּעָתֵנוּ וְעֶזְרָתֵנוּ סֶלָה. בָּרוּךְ אַתָּה יְיָ, הַטּוֹב שִׁמְךָ וּלְךָ נָאֶה לְהוֹדוֹת.

YOM KIPPUR

בִּרְכַּת הַכֹּהֲנִים
The Priestly Blessing

אֱלֹהֵינוּ וֵאלֹהֵי אֲבוֹתֵינוּ, בָּרְכֵנוּ בַבְּרָכָה הַמְשֻׁלֶּשֶׁת בַּתּוֹרָה הַכְּתוּבָה עַל יְדֵי מֹשֶׁה עַבְדֶּךָ, הָאֲמוּרָה מִפִּי אַהֲרֹן וּבָנָיו כֹּהֲנִים, עַם קְדוֹשֶׁךָ, כָּאָמוּר:

CONGREGATION RESPONDS:

יְבָרֶכְךָ יְיָ וְיִשְׁמְרֶךָ.   כֵּן יְהִי רָצוֹן.
יָאֵר יְיָ פָּנָיו אֵלֶיךָ וִיחֻנֶּךָּ.   כֵּן יְהִי רָצוֹן.
יִשָּׂא יְיָ פָּנָיו אֵלֶיךָ וְיָשֵׂם לְךָ שָׁלוֹם.   כֵּן יְהִי רָצוֹן.

Our God and God of our fathers, bless us with the Torah's threefold blessing:
> The Lord bless you and guard you.
> The Lord cause His light to shine upon you
>> and be gracious unto you.
> The Lord look with favor upon you and grant you peace.

שִׂים שָׁלוֹם
We Pray for Peace

שִׂים שָׁלוֹם, טוֹבָה וּבְרָכָה, חֵן וָחֶסֶד וְרַחֲמִים, עָלֵינוּ וְעַל כָּל יִשְׂרָאֵל עַמֶּךָ. בָּרְכֵנוּ אָבִינוּ, כֻּלָּנוּ כְּאֶחָד, בְּאוֹר פָּנֶיךָ. כִּי בְאוֹר פָּנֶיךָ נָתַתָּ לָּנוּ, יְיָ אֱלֹהֵינוּ, תּוֹרַת חַיִּים וְאַהֲבַת חֶסֶד, וּצְדָקָה וּבְרָכָה וְרַחֲמִים, וְחַיִּים וְשָׁלוֹם. וְטוֹב בְּעֵינֶיךָ לְבָרֵךְ אֶת עַמְּךָ יִשְׂרָאֵל בְּכָל עֵת וּבְכָל שָׁעָה בִּשְׁלוֹמֶךָ.

CLOSING SERVICE

O God, let peace and happiness reign in our midst. Bless us, O Father, with the light of Your spirit, for by that light, You have shown us a way of life that teaches kindness, righteousness, mercy, and peace.

בְּסֵֽפֶר חַיִּים, בְּרָכָה וְשָׁלוֹם וּפַרְנָסָה טוֹבָה, נִזָּכֵר וְנֵחָתֵם
לְפָנֶֽיךָ אֲנַֽחְנוּ וְכָל עַמְּךָ בֵּית יִשְׂרָאֵל, לְחַיִּים טוֹבִים וּלְשָׁלוֹם.
בָּרוּךְ אַתָּה יְיָ, עוֹשֵׂה הַשָּׁלוֹם.

May we and all Your children be sealed in the book of life for a life of happiness and peace. Amen.

אָבִֽינוּ מַלְכֵּֽנוּ

Our Father, Our King!

אָבִֽינוּ מַלְכֵּֽנוּ, חָטָֽאנוּ לְפָנֶֽיךָ.
אָבִֽינוּ מַלְכֵּֽנוּ, אֵין לָֽנוּ מֶֽלֶךְ אֶלָּא אָֽתָּה.
אָבִֽינוּ מַלְכֵּֽנוּ, עֲשֵׂה עִמָּֽנוּ לְמַֽעַן שְׁמֶֽךָ.
אָבִֽינוּ מַלְכֵּֽנוּ, חַדֵּשׁ עָלֵֽינוּ שָׁנָה טוֹבָה.
אָבִֽינוּ מַלְכֵּֽנוּ, חָתְמֵֽנוּ בְּסֵֽפֶר חַיִּים טוֹבִים.
אָבִֽינוּ מַלְכֵּֽנוּ, חָתְמֵֽנוּ בְּסֵֽפֶר גְּאֻלָּה וִישׁוּעָה.
אָבִֽינוּ מַלְכֵּֽנוּ, חָתְמֵֽנוּ בְּסֵֽפֶר פַּרְנָסָה וְכַלְכָּלָה.
אָבִֽינוּ מַלְכֵּֽנוּ, חָתְמֵֽנוּ בְּסֵֽפֶר זְכֻיּוֹת.
אָבִֽינוּ מַלְכֵּֽנוּ, חָתְמֵֽנוּ בְּסֵֽפֶר סְלִיחָה וּמְחִילָה.

YOM KIPPUR 186

Our Father, our King, grant us a good life.
Our Father, our King, grant us a life of blessing.
Our Father, our King, grant us our daily needs.
Our Father, our King, grant us Your love and favor.
Our Father, our King, grant us forgiveness.

ALL JOIN IN CHANTING:

אָבִינוּ מַלְכֵּנוּ, חָנֵּנוּ וַעֲנֵנוּ, כִּי אֵין בָּנוּ מַעֲשִׂים.
עֲשֵׂה עִמָּנוּ צְדָקָה וָחֶסֶד וְהוֹשִׁיעֵנוּ.

Reader's Kaddish קַדִּישׁ שָׁלֵם

יִתְגַּדַּל וְיִתְקַדַּשׁ שְׁמֵהּ רַבָּא. בְּעָלְמָא דִּי בְרָא כִרְעוּתֵהּ
וְיַמְלִיךְ מַלְכוּתֵהּ, בְּחַיֵּיכוֹן וּבְיוֹמֵיכוֹן וּבְחַיֵּי דְכָל בֵּית יִשְׂרָאֵל,
בַּעֲגָלָא וּבִזְמַן קָרִיב, וְאִמְרוּ אָמֵן.

CONGREGATION AND READER RESPOND:

יְהֵא שְׁמֵהּ רַבָּא מְבָרַךְ לְעָלַם וּלְעָלְמֵי עָלְמַיָּא.

READER:

יִתְבָּרַךְ וְיִשְׁתַּבַּח, וְיִתְפָּאַר וְיִתְרוֹמַם, וְיִתְנַשֵּׂא וְיִתְהַדַּר,
וְיִתְעַלֶּה וְיִתְהַלַּל שְׁמֵהּ דְּקֻדְשָׁא –

CONGREGATION AND READER RESPOND:

בְּרִיךְ הוּא.

לְעֵלָּא וּלְעֵלָּא מִן כָּל בִּרְכָתָא וְשִׁירָתָא, תֻּשְׁבְּחָתָא וְנֶחֱמָתָא,
דַּאֲמִירָן בְּעָלְמָא, וְאִמְרוּ אָמֵן.

תִּתְקַבֵּל צְלוֹתְהוֹן וּבָעוּתְהוֹן דְּכָל בֵּית יִשְׂרָאֵל קֳדָם אֲבוּהוֹן דִּי בִשְׁמַיָּא, וְאִמְרוּ אָמֵן.

יְהֵא שְׁלָמָא רַבָּא מִן שְׁמַיָּא וְחַיִּים עָלֵינוּ וְעַל כָּל יִשְׂרָאֵל, וְאִמְרוּ אָמֵן.

עוֹשֶׂה שָׁלוֹם בִּמְרוֹמָיו, הוּא יַעֲשֶׂה שָׁלוֹם עָלֵינוּ וְעַל כָּל יִשְׂרָאֵל, וְאִמְרוּ אָמֵן.

Final Declaration of Our Faith

שְׁמַע יִשְׂרָאֵל, יְיָ אֱלֹהֵינוּ, יְיָ אֶחָד.

Hear, O Israel, the Lord our God, the Lord is One.

בָּרוּךְ שֵׁם כְּבוֹד מַלְכוּתוֹ לְעוֹלָם וָעֶד.
בָּרוּךְ שֵׁם כְּבוֹד מַלְכוּתוֹ לְעוֹלָם וָעֶד.
בָּרוּךְ שֵׁם כְּבוֹד מַלְכוּתוֹ לְעוֹלָם וָעֶד.

Praised be His glorious name forever.

יְיָ הוּא הָאֱלֹהִים. יְיָ הוּא הָאֱלֹהִים. יְיָ הוּא הָאֱלֹהִים.
יְיָ הוּא הָאֱלֹהִים. יְיָ הוּא הָאֱלֹהִים. יְיָ הוּא הָאֱלֹהִים.
יְיָ הוּא הָאֱלֹהִים.

The Lord alone is God.

THE SHOFAR IS SOUNDED

תְּקִיעָה גְדוֹלָה

הַבְדָּלָה

Ceremony for Taking Leave of the Holy Day

BLESSING OVER WINE

בָּרוּךְ אַתָּה יְיָ, אֱלֹהֵינוּ מֶלֶךְ הָעוֹלָם, בּוֹרֵא פְּרִי הַגָּפֶן.

BLESSING OVER SPICES

(RECITED ONLY ON SATURDAY NIGHT)

בָּרוּךְ אַתָּה יְיָ, אֱלֹהֵינוּ מֶלֶךְ הָעוֹלָם, בּוֹרֵא מִינֵי בְשָׂמִים.

BLESSING OVER THE LIGHT OF FIRE

בָּרוּךְ אַתָּה יְיָ, אֱלֹהֵינוּ מֶלֶךְ הָעוֹלָם, בּוֹרֵא מְאוֹרֵי הָאֵשׁ.

FINAL HAVDALAH BLESSING

בָּרוּךְ אַתָּה יְיָ, אֱלֹהֵינוּ מֶלֶךְ הָעוֹלָם, הַמַּבְדִּיל בֵּין קֹדֶשׁ לְחֹל, בֵּין אוֹר לְחֹשֶׁךְ, בֵּין יִשְׂרָאֵל לָעַמִּים, בֵּין יוֹם הַשְּׁבִיעִי לְשֵׁשֶׁת יְמֵי הַמַּעֲשֶׂה. בָּרוּךְ אַתָּה יְיָ, הַמַּבְדִּיל בֵּין קֹדֶשׁ לְחֹל.

עָלֵינוּ

עָלֵינוּ לְשַׁבֵּחַ לַאֲדוֹן הַכֹּל, לָתֵת גְּדֻלָּה לְיוֹצֵר בְּרֵאשִׁית, שֶׁלֹּא עָשָׂנוּ כְּגוֹיֵי הָאֲרָצוֹת, וְלֹא שָׂמָנוּ כְּמִשְׁפְּחוֹת הָאֲדָמָה, שֶׁלֹּא שָׂם חֶלְקֵנוּ כָּהֶם, וְגוֹרָלֵנוּ כְּכָל הֲמוֹנָם. וַאֲנַחְנוּ כּוֹרְעִים וּמִשְׁתַּחֲוִים וּמוֹדִים לִפְנֵי מֶלֶךְ מַלְכֵי הַמְּלָכִים, הַקָּדוֹשׁ בָּרוּךְ הוּא. שֶׁהוּא נוֹטֶה שָׁמַיִם וְיוֹסֵד אָרֶץ, וּמוֹשַׁב יְקָרוֹ בַּשָּׁמַיִם מִמַּעַל וּשְׁכִינַת עֻזּוֹ בְּגָבְהֵי מְרוֹמִים. הוּא אֱלֹהֵינוּ אֵין עוֹד. אֱמֶת מַלְכֵּנוּ, אֶפֶס זוּלָתוֹ, כַּכָּתוּב בְּתוֹרָתוֹ: וְיָדַעְתָּ הַיּוֹם וַהֲשֵׁבֹתָ אֶל לְבָבֶךָ, כִּי יְיָ הוּא הָאֱלֹהִים בַּשָּׁמַיִם מִמַּעַל וְעַל הָאָרֶץ מִתָּחַת, אֵין עוֹד.

We have a duty to praise the Lord, Creator of the universe. He has honored us more than all other people on earth by giving us the Torah and its commandments. We bow down before Him and acclaim Him, for He is Ruler over all, the Holy One, praised be He.

ALL JOIN IN CHANTING:

וְנֶאֱמַר: וְהָיָה יְיָ לְמֶלֶךְ עַל כָּל הָאָרֶץ, בַּיּוֹם הַהוּא יִהְיֶה יְיָ אֶחָד וּשְׁמוֹ אֶחָד.

קַדִּישׁ יָתוֹם

Mourner's Kaddish

MOURNER:

יִתְגַּדַּל וְיִתְקַדַּשׁ שְׁמֵהּ רַבָּא. בְּעָלְמָא דִּי בְרָא כִרְעוּתֵהּ וְיַמְלִיךְ מַלְכוּתֵהּ, בְּחַיֵּיכוֹן וּבְיוֹמֵיכוֹן וּבְחַיֵּי דְכָל בֵּית יִשְׂרָאֵל, בַּעֲגָלָא וּבִזְמַן קָרִיב, וְאִמְרוּ אָמֵן.

CONGREGATION AND MOURNER:

יְהֵא שְׁמֵהּ רַבָּא מְבָרַךְ לְעָלַם וּלְעָלְמֵי עָלְמַיָּא.

MOURNER:

יִתְבָּרַךְ וְיִשְׁתַּבַּח, וְיִתְפָּאַר וְיִתְרוֹמַם, וְיִתְנַשֵּׂא וְיִתְהַדָּר, וְיִתְעַלֶּה וְיִתְהַלַּל, שְׁמֵהּ דְּקֻדְשָׁא—

CONGREGATION AND MOURNER:

בְּרִיךְ הוּא.

לְעֵלָּא וּלְעֵלָּא מִן כָּל בִּרְכָתָא וְשִׁירָתָא, תֻּשְׁבְּחָתָא וְנֶחֱמָתָא דַּאֲמִירָן בְּעָלְמָא, וְאִמְרוּ אָמֵן.

יְהֵא שְׁלָמָא רַבָּא מִן שְׁמַיָּא וְחַיִּים עָלֵינוּ וְעַל כָּל יִשְׂרָאֵל, וְאִמְרוּ אָמֵן.

עוֹשֶׂה שָׁלוֹם בִּמְרוֹמָיו, הוּא יַעֲשֶׂה שָׁלוֹם עָלֵינוּ וְעַל כָּל יִשְׂרָאֵל, וְאִמְרוּ אָמֵן.

אֲדוֹן עוֹלָם

Closing Hymn

אֲדוֹן עוֹלָם אֲשֶׁר מָלַךְ / בְּטֶרֶם כָּל יְצִיר נִבְרָא,
לְעֵת נַעֲשָׂה בְחֶפְצוֹ כֹּל / אֲזַי מֶלֶךְ שְׁמוֹ נִקְרָא.

וְאַחֲרֵי כִּכְלוֹת הַכֹּל / לְבַדּוֹ יִמְלֹךְ נוֹרָא,
וְהוּא הָיָה וְהוּא הֹוֶה / וְהוּא יִהְיֶה בְּתִפְאָרָה.

וְהוּא אֶחָד וְאֵין שֵׁנִי / לְהַמְשִׁיל לוֹ לְהַחְבִּירָה,
בְּלִי רֵאשִׁית בְּלִי תַכְלִית / וְלוֹ הָעֹז וְהַמִּשְׂרָה.

וְהוּא אֵלִי וְחַי גּוֹאֲלִי / וְצוּר חֶבְלִי בְּעֵת צָרָה,
וְהוּא נִסִּי וּמָנוֹס לִי / מְנָת כּוֹסִי בְּיוֹם אֶקְרָא.

בְּיָדוֹ אַפְקִיד רוּחִי / בְּעֵת אִישַׁן וְאָעִירָה,
וְעִם רוּחִי גְּוִיָּתִי / יְיָ לִי וְלֹא אִירָא.

Closing Prayer

Lord of the universe, as we prepare to leave Your House, watch over us with Your tender care. Guard us from evil deeds and evil doers, and fulfill the desires of our hearts for good.

A fresh year opens in our lives today. Grant, O God, that this be a year of blessing for us, for our people, and for all mankind. Amen.